WASHINGTON IRVING

HISTOIRE

DE LA

CONQUÊTE DE GRENADE

TRADUCTION NOUVELLE DE L'ANGLAIS

PRÉCÉDÉE D'UNE ÉTUDE SUR LES OUVRAGES DE WASHINGTON IRVING

PAR

XAVIER EYMA

TOME SECOND

PARIS

LIBRAIRIE INTERNATIONALE

13, RUE DE GRAMMONT, 13

A. LACROIX, VERBOECKHOVEN ET Cie, ÉDITEURS

A BRUXELLES, A LIVOURNE ET A LEIPZIG

1865

HISTOIRE

DE LA

CONQUÊTE DE GRENADE

WASHINGTON IRVING

HISTOIRE

DE LA

CONQUÊTE DE GRENADE

TRADUCTION NOUVELLE DE L'ANGLAIS

PRÉCÉDÉE D'UNE ÉTUDE SUR LES OUVRAGES DE WASHINGTON IRVING

PAR

XAVIER EYMA

TOME SECOND

PARIS

LIBRAIRIE INTERNATIONALE

13, RUE DE GRAMMONT, 13

A. LACROIX, VERBOECKHOVEN ET Cⁱᵉ, ÉDITEURS

A BRUXELLES, A LIVOURNE ET A LEIPZIG

1865

Bruxelles. — Typ. A. LACROIX, VERBOECKHOVEN et Cⁱᵉ, rue Royale, 3, impasse du Parc.

WASHINGTON IRVING

HISTOIRE

DE LA

CONQUÊTE DE GRENADE

TRADUCTION NOUVELLE DE L'ANGLAIS

PRÉCÉDÉE D'UNE ÉTUDE SUR LES OUVRAGES DE WASHINGTON IRVING

PAR

XAVIER EYMA

TOME SECOND

PARIS

LIBRAIRIE INTERNATIONALE

13, RUE DE GRAMMONT, 13

A. LACROIX, VERBOECKHOVEN ET Cⁱᵉ, ÉDITEURS

A BRUXELLES, A LIVOURNE ET A LEIPZIG

1865

CHAPITRE XLV

TENTATIVE D'EL ZAGAL SUR LA VIE DE BOABDIL, ET COMMENT CE DERNIER
REVIENT EN SCÈNE.

Le dernier escadron de la cavalerie chrétienne avait à
peine disparu derrière les montagnes d'Elvira et la dernière note de ses fanfares, cessé de se faire entendre,
que l'énergie si longtemps comprimée du vieux Muley el
Zagal s'éveilla. Il résolut de n'être plus un demi-roi, régnant
sur une moitié de royaume, dans une capitale divisée, mais
de faire disparaître par tous les moyens, bons ou mauvais,
son neveu Boabdil et ses partisans. Il se tourna avec fureur
contre ceux dont la conduite factieuse l'avait empêché d'attaquer l'ennemi. Il punit quelques-uns d'entre eux par la
confiscation de leurs biens, d'autres par le bannissement,
d'autres par la mort. Autrefois, roi incontesté du royaume
tout entier, il se fiait à ses talents militaires pour relever
sa fortune et repousser les chrétiens au delà des frontières.

Boabdil s'était de nouveau retiré à Velez el Blanco, sur
les confins de la Murcie, où il était en mesure, en cas d'at-

taque, de recevoir aide ou protection de la politique de Ferdinand. Sa défaite avait étouffé ses chances de fortune nouvelle, car le peuple le considérait comme inévitablement voué au malheur. Néanmoins El Zagal savait que tant qu'il vivrait, il serait capable de rallier quelque débris de sa faction, et, à un moment donné, de se faire porter au pouvoir par la multitude capricieuse. Il eut donc recours au plus perfide des moyens pour achever sa ruine.

Il lui envoya des ambassadeurs pour lui représenter la nécessité de s'unir pour le salut du royaume, en lui offrant même d'abdiquer le titre de roi et de devenir son sujet, à la condition de recevoir une dotation qui lui permît de vivre dans une paisible retraite. Les ambassadeurs chargés de présenter ce message de paix avaient avec eux des herbes empoisonnées qu'ils étaient chargés d'administrer secrètement à Boabdil, et ils s'étaient engagés, au cas où ils échoueraient dans leur tentative, à l'assassiner pendant qu'ils seraient en conférence. Ils furent poussés à cette trahison par la promesse de grandes récompenses et par l'assurance que leur donnèrent les alfaquis que Boabdil était un apostat dont la mort serait agréable au ciel.

Le jeune monarque fut secrètement informé de cette trahison et refusa de recevoir les ambassadeurs. Il dénonça son oncle comme le meurtrier de son père et de ses parents, l'usurpateur de son trône et jura qu'il n'arrêterait ses hostilités contre lui que le jour où il aurait planté sa tête sur les murs de l'Alhambra.

La guerre était donc déclarée de nouveau entre les deux monarques, faible d'abord en raison des embarras où ils étaient l'un et l'autre plongés. Ferdinand offrit de nouveau son assistance à Boabdil, en ordonnant aux commandants de ses forteresses de l'aider dans toutes ses entreprises contre son oncle et contre les villes qui refuseraient de le reconnaître pour roi. Don Juan de Benavides, qui commandait à Loxa, envahit même en son nom les territoires d'Almeria, de Baza et de Guadix qui devaient allégeance à El Zagal.

L'infortuné Boabdil avait trois grands maux à concilier : l'inconstance de ses sujets, la haine de son oncle et l'amitié de Ferdinand. Le dernier était de beaucoup le plus funeste; son sort en dépendait. Il était regardé comme un ennemi de la foi et de son pays. Les villes lui fermaient leurs portes. Le peuple le haïssait. Le peu de chevaliers qui s'étaient naguère attachés à son malheureux drapeau commençaient à l'abandonner; car il n'avait plus de récompenses à distribuer. Son esprit baissait avec sa fortune, et il craignait de n'avoir plus avant peu un coin de terre où planter sa bannière, plus un partisan à rallier autour d'elle.

Au milieu de ces perplexités, il reçut une lettre de sa mère « au cœur de lion, » la sultane Ayxa la Horra. « C'est une honte, lui disait-elle, de languir aux frontières quand un usurpateur est dans votre capitale! Pourquoi chercher de perfides secours au loin, quand vous avez des cœurs loyaux et dévoués qui battent pour vous à Grenade? L'Albaycin est prêt à ouvrir ses portes pour vous recevoir. Rentrez chez vous énergiquement. Une attaque soudaine peut tout relever ou tout finir. Un trône ou une tombe! Pour un roi, il n'y a pas de milieu honorable. »

Boabdil avait de l'indécision dans le caractère; mais il y a des circonstances qui poussent les plus hésitants à prendre des décisions, et, une fois résolus, ils sont capables d'agir avec une audace et un entraînement inconnus aux hommes de jugement plus solide. Le message de la sultane l'éveilla comme d'un rêve. Grenade! la belle Grenade! avec son Alhambra, ses délicieux jardins, ses limpides fontaines en cascades, coulant parmi des bois d'orangers, de citronniers, de myrtes, se dressa devant lui :

— Qu'ai-je fait, s'écria-t-il, pour être exilé du paradis de mes ancêtres, condamné à errer en fugitif dans mon propre royaume, tandis qu'un meurtrier et un usurpateur est orgueilleusement assis sur mon trône? Certes, Allah protégera la cause du droit. En avant! et que tout ce royaume soit à moi!

Après avoir réuni sa petite bande de cavaliers :

— Qui est prêt à suivre son roi à la mort? demanda-t-il.

Tous ayant mis la main au cimeterre :

— C'est assez, s'écria-t-il. Que chacun prenne ses armes et prépare en secret son coursier pour une entreprise laborieuse et périlleuse. Si nous réussissons, un empire sera notre récompense!

CHAPITRE XLVI

« La destinée des princes est dans la main de Dieu,
s'écrie un vieux chroniqueur arabe; lui seul donne les em-
pires. Un seul cavalier maure, monté sur un rapide coursier
arabe, traversait un jour les montagnes qui s'étendent entre
Grenade et les frontières de Murcie. Il traversait au galop
les vallées, mais au sommet de chaque colline, il s'arrêtait
et regardait autour de lui avec précaution. Un escadron de
cavaliers armés en guerre le suivait à distance. Il y avait là
cinquante lances. La richesse de leurs armures et leur costume les désignaient comme des guerriers d'un noble sang,
et leur chef avait des allures hautaines et princières. »

L'escadron ainsi décrit par le chroniqueur arabe était le
roi maure Boabdil et ses dévoués partisans.

Pendant deux nuits et un jour, ils continuèrent leur aventureux voyage, évitant toutes les parties populeuses du pays,
et choisissant les passages les plus solitaires des montagnes.

Ils endurèrent de rudes fatigues, mais ils souffraient sans murmurer. Ils étaient accoutumés à des campagnes pénibles, et leurs coursiers étaient d'une race généreuse et ardente.

Il était minuit ; les ténèbres et le silence régnaient quand ils descendirent les montagnes et se rapprochèrent de Grenade, qu'ils longèrent tranquillement à l'ombre de ses murs, jusqu'à ce qu'ils fussent arrivés près de la porte de l'Albaycin. Là, Boabdil commanda à ses compagnons de faire halte, et de se tenir cachés. N'emmenant avec lui que quatre ou cinq d'entre eux, il s'avança résolûment jusqu'à la porte et y frappa avec le pommeau de son cimeterre. Les gardes demandèrent qui cherchait à entrer à cette heure inopportune.

— Votre roi ! répondit Boabdil ; ouvrez la porte pour qu'il entre.

Les gardes allumèrent une lumière et reconnurent la personne de leur jeune roi. Ils furent frappés d'une soudaine terreur et ouvrirent les portes. Boabdil et ses cavaliers entrèrent sans rencontrer d'obstacle. Ils se rendirent au galop chez les principaux habitants de l'Albaycin, frappant à leur porte, les sommant de se lever et de prendre les armes pour leur roi légitime. On obéit immédiatement aux sommations ; les trompettes résonnèrent aussitôt dans les rues ; l'éclat des torches, le miroitement des armures montrèrent les Maures se hâtant à leur rendez-vous ; et au lever du jour toutes les forces de l'Albaycin étaient rangées sous la bannière de Boabdil.

Tel fut le succès qui répondit à cet acte soudain et désespéré du jeune monarque ; car les historiens assurent qu'il n'y avait eu aucun arrangement préalable. « En même temps que les gardes ouvrirent les portes de la cité pour l'admettre, observe un pieux chroniqueur, Dieu ouvrit le cœur des Maures qui le reçurent comme leur roi (1). »

Dès le matin, de bonne heure, la nouvelle de ces événements arracha El Zagal de son sommeil dans l'Alhambra. Le vieux souverain assembla ses gardes au plus vite, et courut, l'épée à la main, à l'Albaycin, espérant d'y surprendre son neveu. Il fut vigoureusement reçu par Boabdil et ses adhérents et refoulé dans le quartier de l'Alhambra. Une rencontre eut lieu entre les deux rois sur la place devant la principale mosquée. Ils y combattirent corps à corps avec une fureur implacable, comme s'il eût été arrangé qu'ils devaient décider de la possession de la couronne en un combat singulier. Il résulta de cette mêlée un tumulte qui les sépara cependant, et les partisans d'El Zagal furent définitivement repoussés de la place.

Les rues de la cité furent le théâtre, pendant quelque temps, de combats furieux; mais comme ce théâtre leur semblait trop étroit, les deux partis sortirent des murs et se livrèrent en rase campagne une bataille qui dura jusqu'au soir. Des deux côtés, on perdit beaucoup de monde; à la nuit, chacun rentra dans son quartier jusqu'au matin où la lumière éclaira de nouveau cette lutte contre nature. Pendant plusieurs jours, les deux factions qui divisaient la ville furent comme deux pouvoirs élevés en face l'un de l'autre. Le parti de l'Alhambra était plus nombreux que celui de l'Albaycin, et comptait dans ses rangs presque toute la noblesse et la chevalerie; mais les partisans de Boabdil étaient des gens exercés et fortifiés par le travail, et accoutumés au maniement des armes.

(1) Pulgar.

L'Albaycin soutint une sorte de siége de la part des forces d'El Zagal qui y firent des brêches aux murs et tentèrent à plusieurs reprises d'y pénétrer les armes à la main ; mais elles furent repoussées. D'un autre côté, les troupes de Boabdil firent plusieurs sorties ; et dans les conflits qui eurent lieu, la rage des combattants atteignit à un tel degré de fureur, que de part et d'autre on ne se faisait aucun quartier.

Boabdil s'aperçut de l'infériorité de ses forces. Il craignait que ses partisans, presque tous commerçants et artisans, ne s'impatientassent de cette interruption dans leurs lucratifs travaux, et ne se décourageassent de ces scènes continuelles de carnage. Il envoya en conséquence en toute hâte des messages à don Fadrique de Tolède qui commandait les troupes chrétiennes sur la frontière, pour lui demander du secours.

Don Fadrique avait reçu ordre du politique Ferdinand d'assister le jeune monarque dans toutes ses luttes avec son oncle. En conséquence il s'avança avec un corps de troupes jusque près de Grenade ; mais dans la crainte d'une trahison, il se tint pendant quelque temps à l'écart, surveillant les mouvements des deux partis.

Le caractère furieux et sanguinaire du conflit qui déchirait la malheureuse Grenade l'eut bientôt convaincu qu'il n'y avait aucune entente entre les deux monarques. Il fit donc avancer au secours de Boabdil un renfort d'arquebusiers et de fantassins, sous les ordres de Fernand Alvarez de Sotomayor, alcayde de Colomara. Ce fut là un brandon propre à rallumer dans la ville les flammes de la guerre qui fit rage entre les habitants maures durant l'espace de cinquante jours.

CHAPITRE XLVII

OU LE ROI FERDINAND MET LE SIÉGE DEVANT VELEZ-MALAGA.

Jusqu'à présent les événements de cette croisade célèbre n'ont guère été qu'une succession de courts mais brillants exploits, attaques soudaines et escarmouches dans les montagnes. Nous touchons maintenant à des opérations plus importantes et de plus longue haleine, où les anciennes et puissantes cités, les boulevards de Grenade, sont investies par des armées puissantes, soumises à de longs et réguliers siéges, et où la capitale va se trouver abandonnée et isolée.

Les glorieux triomphes des souverains catholiques, dit fray Antonio Agapida, avaient retenti en Orient et semé l'alarme dans tout l'islamisme.

Le Grand Turc Bajazet II et son terrible ennemi le Grand Sultan d'Égypte suspendirent pour un moment leurs sanglantes luttes, et se liguèrent pour défendre la religion de Mahomet et le royaume de Grenade contre les attaques des chrétiens. Il fut convenu entre eux que Bajazet enverrait une puissante flotte devant l'île de Sicile, appartenant alors à l'Espagne, dans le but de détourner l'attention des souverains castillans, tandis qu'en même temps, des corps considérables de troupes seraient introduits dans le royaume de Grenade par la côte africaine opposée.

Ferdinand et Isabelle eurent connaissance à temps de ces projets. Ils résolurent en conséquence de transporter le théâtre de la guerre sur les côtes de Grenade, pour s'emparer de ses ports, et fermer ainsi l'entrée du royaume à tout secours extérieur. Malaga devait être le point de mire de l'attaque ; c'était le port de mer principal du rayon, et presque nécessaire à son existence. Il avait été longtemps le siége d'un opulent commerce, expédiant de nombreux navires sur les côtes de Syrie et d'Égypte. C'était aussi le grand canal de communication avec l'Afrique, par lequel on introduisait des cargaisons d'argent monnayé, des troupes, des armes, des chevaux de Tunis, de Tripoli, de Fez, de Tremezan, et d'autres villes de la côte de Barbarie. On l'appelait alors avec une certaine pompe la main et la bouche de Grenade.

Cependant, avant de mettre le siége devant cette redoutable place, on se convainquit de la nécessité de s'assurer la ville voisine, Velez-Malaga, et des positions qui en dépendent, et par où l'armée assiégeante aurait pu être inquiétée.

Les nobles du royaume reçurent l'ordre de prendre la campagne, avec toutes leurs forces, pour cette importante opération au printemps de 1487. La menace d'une invasion de la part des infidèles d'Orient avait allumé une nouvelle ardeur dans le cœur des chevaliers chrétiens, et ils répondirent avec un si grand zèle à l'appel de leurs souverains, qu'une armée de 20,000 hommes de cavalerie et de 50,000 fantassins accourut à Cordoue au moment indiqué.

La nuit qui précéda le départ de cette puissante masse d'hommes, un tremblement de terre ébranla la ville. Les habitants s'éveillèrent au bruit de la chute des murailles et des pierres des tours, s'enfuirent dans les cours et sur les places, redoutant d'être ensevelis par les ruines de leurs demeures. Le tremblement de terre se fit sentir avec le plus de violence dans le quartier de la résidence royale, l'ancien palais des rois maures. Beaucoup considérèrent cet événement comme le signe de quelque malheur à venir ; mais fray Antonio Agapida, avec cet esprit d'infaillible divination à expliquer les événements, y lut un présage de l'écroulement de l'empire des Maures.

Ce fut un samedi, la veille du dimanche des Rameaux, dit un digne et loyal chroniqueur du temps, que le monarque catholique partit avec son armée pour servir le ciel et porter la guerre chez les Maures (1). Une forte pluie avait fait déborder les rivières, détrempé les routes en les rendant presque impraticables. Le roi cependant avait divisé son armée en deux corps. L'un se composait de l'artillerie, appuyée par une forte division de cavalerie, et commandée par le maître d'Alcantara, et Martin Alonzo, seigneur de Montemayor. Cette division devait prendre la route des vallées, où les passages abondaient en bœufs chargés de traîner l'artillerie.

Le premier corps de l'armée était sous les ordres directs du roi. Il était divisé en nombreux bataillons, chacun d'eux commandé par un chevalier de distinction. Le roi prit le chemin difficile et dangereux des montagnes ; et il y a peu de montagnes aussi rudes et aussi peu praticables que celles de l'Andalousie. Les routes étaient de véritables sentiers tra-

____

(1) Pulgar, *Cronica de los reyes catolicos.*

cés pour les mules, serpentant à travers les rochers et sur les bords des précipices, s'élançant au haut de blocs escarpés ou s'enfonçant dans des ravins effroyables dont le sol était à peine solide sous le pied des hommes et des chevaux.Quatre mille pionniers furent envoyés en avant, sous la conduite de l'alcayde Los Donzelès, pour faire disparaître, autant que possible les aspérités des rochers. Les uns étaient munis de pioches et de crocs pour briser les pierres ; les autres, du matériel nécessaire à la construction de ponts au dessus des torrents des montagnes, tandis que d'autres avaient pour mission de placer des pierres de gué au milieu dés petites rivières. Comme le pays était habité par de féroces montagnards maures, don Diego de Castrillo fut expédié avec un détachement de cavalerie et d'infanterie, pour occuper les hauteurs et les passages. Malgré toutes ces précautions, l'armée royale eut beaucoup à souffrir dans sa marche. Il arriva une fois qu'on ne trouvait pas à plus de cinq lieues, dans le plus âpre et le plus montagneux des pays, un lieu propice à l'établissement du camp, et un grand nombre de bêtes de somme succombèrent en chemin.

Ce fut avec la plus grande joie que l'armée royale sortit de ces rudes et effrayants défilés, et parvint au point d'où elle aperçut au dessous d'elle la plaine de Velez-Malaga.

Le pays qui s'ouvrait devant eux leur parut être le plus charmant que jamais armée eût envahi. Épaulée de tous côtés par une chaîne de montagnes, et s'étendant vers le sud, cette délicieuse vallée était baignée par un soleil généreux, arrosée par les cours d'eau argentés qui tombaient du Velez et rafraîchie par les brises soufflant de la Méditerranée. Les collines environnantes étaient chargées de vignes et d'oliviers, les champs au loin couverts de grains ou de verts

pâturages, tandis qu'autour de la ville s'étendaient de délicieux jardins, retraite favorite des Maures dont les blancs pavillons reluisaient au milieu de touffes d'orangers, de citronniers et de grenadiers, au dessus desquels s'élançaient les
palmiers, produits d'une végétation méridionale et qui attestaient un climat généreux et un ciel serein.

Dans la partie supérieure de cette ravissante vallée, la
ville de Velez Malaga montrait ses créneaux guerriers, qui
faisaient un sévère contraste avec le paysage. Elle était bâtie
sur le penchant d'une colline escarpée et isolée, et à l'abri de
fortes murailles et de tours. Le sommet de cette colline s'élevait au dessus de la ville en masse rocheuse, inaccessible de
tous cotés, et couronné d'un château fort qui dominait tout
le pays à l'entour. Deux faubourgs s'étendaient dans la vallée,
des extrémités de la ville, et étaient défendus par des boulevards et des fossés. Les vastes étages des montagnes vertes,
souvent couvertes de nuages, qui s'élevaient au nord, étaient
habités par une race hardie et guerrière, dont les forteresses
puissantes de Comares, de Camillas, de Competa et de Bene-
marhorga, menaçaient le pays de leurs hauteurs escarpées.

Lorsque l'armée chrétienne arriva en vue de cette vallée,
une escadre se balançait sur les flots azurés, le pavillon de la
Castille au vent. Elle était commandée par le comte de
Trevento, et se composait de quatre galères convoyant un
grand nombre de caravelles chargées d'approvisionnements
pour l'armée.

Après avoir étudié le terrain, le roi Ferdinand campa sur
le revers d'une montagne qui s'avançait jusqu'à la ville, et qui
était la dernière d'une âpre sierra, ou chaîne de montagnes,
qui s'étendait jusqu'à Grenade. Au sommet de cette montagne et dominant le camp, s'élevait une ville maure, puis-

samment fortifiée, nommée Bentomiz, et qui, en raison de
son voisinage, était considérée comme susceptible de secourir efficacement Velez-Malaga. Plusieurs des généraux firent
des observations au roi sur le choix d'une position si exposée
aux attaques des montagnards. Ferdinand répondit qu'ainsi
il coupait les communications entre cette ville et Malaga; et
que pour ce qui était du danger, c'était aux troupes à faire
bonne garde contre les surprises.

Le roi Ferdinand sortit avec une escorte de cavaliers et de
quelques cuirassiers pour inspecter les diverses parties du
camp. Pendant qu'un détachement d'infanterie prenait possession, comme avant-garde, d'une importante hauteur qui
dominait la ville, le roi se retira dans une tente pour se
rafraîchir. Il était à table, lorsqu'il fut surpris par le bruit
d'une fusillade, et vit ses soldats fuyant devant des forces ennemies supérieures. Saisissant une lance, il se mit promptement en selle et courut au secours des fugitifs, suivi d'une
poignée de cavaliers et de ses cuirassiers. Les Espagnols en
voyant le roi venir à leur secours, se retournèrent contre les
attaquants. Ferdinand entraîné par son ardeur se trouva au
milieu de l'ennemi. Un de ses domestiques tomba à côté de
lui; mais avant que le Maure qui avait tué celui-ci pût échapper, le roi le transperça de sa lance. Il essaya alors de tirer son
sabre qui pendait à ses arçons, mais ce fut en vain. Jamais il
n'avait été exposé à un tel péril; il fut enveloppé par l'ennemi,
sans avoir sous la main une arme pour se défendre.

A ce moment de terrible danger, le marquis de Cadix, le
comte de Cabra, l'adelantado de Murcie, et deux autres
cavaliers nommés Garcilasso de la Vega et Diego de Atayde,
arrivèrent au galop sur le théâtre de l'action, et, entourant le
roi, lui firent un loyal rempart de leurs corps contre les coups

des Maures. Le cheval du marquis fut percé d'une flèche, et ce brave chevalier se trouva exposé à un éminent danger; mais avec le secours de ses valeureux compagnons, il mit promptement l'ennemi en fuite, et le poursuivit avec acharnement jusqu'aux portes mêmes de la ville.

Rentrés au camp, ces loyaux soldats blamèrent le roi d'exposer ainsi sa vie dans des luttes personnelles, lorsqu'il avait sous la main tant de braves capitaines dont c'était l'affaire de se battre. Ils lui rappelèrent que la vie d'un prince était la vie de son peuple, et que plus d'une brave armée avait été perdue en perdant son chef. Ils le supplièrent à l'avenir de les protéger de la force de son esprit dans les conseils du cabinet, plutôt que de son bras sur le champ de bataille.

Ferdinand reconnut la justesse de leurs observations, mais il déclara qu'il ne pourrait voir ses gens en danger sans exposer sa personne pour les secourir; cette réponse, disent les vieux chroniqueurs, réjouit l'armée, qui vit que non seulement il gouvernait ses soldats en bon roi, mais qu'il les protégeait en vaillant capitaine. Cependant le roi se rendit bien compte du péril auquel il s'était exposé, et s'engagea à ne plus s'aventurer dans un combat sans avoir son épée à son coté (1).

Quand la reine Isabelle eut connaissance de ce coup de tête du roi, elle trembla au milieu de la joie qu'elle éprouva de le savoir en sûreté, et plus tard en souvenir de cet événement (2), elle donna pour armes à la ville de Velez-Malaga,

_____

(1) Illescas, *Hist. pontif.*, liv. VI, ch. XX. — Vedmar, *Hist. Velez-Malaga.*

(2) *Id., ibid.*

l'image du roi à cheval, ayant un serviteur tué à ses pieds, et les Maures en fuite.

Le camp fut établi; mais l'artillerie était encore en route, s'avançant avec beaucoup de difficulté, faisant tout au plus une lieue par jour; car de fortes·pluies avaient changé les rivières des vallées en torrents impétueux, et complétement défoncé les chemins. En même temps le roi avait ordonné d'attaquer les faubourgs de la ville. Ils furent enlevés, après un sanglant combat de six heures, dans lequel les chrétiens eurent beaucoup de cavaliers tués ou blessés et parmi ces derniers Don Alvaro de Portugal, fils du duc de Braganza. Les faubourgs furent alors fortifiés du coté de la ville par des tranchées et des palissades, et pourvus d'une bonne garnison sous les ordres de don Fadrique de Tolède. D'autres tranchées furent élevées autour de la ville et des faubourgs, au camp royal, de façon à couper toute communication avec le pays voisin.

Des corps de troupes furent aussi envoyés pour s'emparer des passages dans les montagnes, par lesquels devaient arriver des approvisionnements pour l'armée. Les montagnes, cependant, étaient si âpres et si rudes, pleines de tant de défilés et de repaires, que les Maures pouvaient aisément attaquer et battre en retraite en pleine sécurité, fondant fréquemment et à l'improviste sur les convois de l'armée chrétienne et ramenant butin et prisonniers dans leurs nids fortifiés. Parfois les Maures allumaient, pendant la nuit, sur les revers des montagnes, des feux auxquels répondaient d'autres feux des tours et des forteresses. De cette façon, ils concertaient leurs attaques contre le camp des chrétiens qui étaient constamment en alerte et toujours prêts à courir aux armes.

Le roi Ferdinand se flattait que la manifestation de ses

forces aurait jeté une suffisante terreur dans la ville, et que par des offres de clémence, elle serait conduite à capituler. Il écrivit en conséquence aux commandants, leur promettant, en cas de soumission immédiate, que tous les habitants seraient libres de se retirer en emportant leurs biens; mais les menaçant du feu et de l'épée s'ils persistaient dans leur résistance.

Cette lettre fut portée par un cavalier nommé Carvajal, qui, la plaçant au bout d'une lance, la présenta aux Maures qui se tenaient sur les murs de la cité. Les commandants répondirent que le roi était trop noble et trop magnanime pour mettre de telles menaces à exécution, et qu'ils ne se rendraient pas, parce qu'ils savaient bien que l'artillerie ne pouvait pas arriver au camp et qu'ils attendaient des secours du roi de Grenade.

En même qu'il recevait cette réponse, le roi apprit que dans la ville forte de Comares, sur une éminence à deux lieues environ du camp, un grand nombre de guerriers s'étaient réunis venant d'Axarquia, les mêmes montagnes où les chevaliers chrétiens avaient été massacrés au commencement de la guerre, et que d'autres étaient attendus journellement, car cette rude sierra était en mesure de fournir quinze mille combattants.

Le roi Ferdinand sentit que son armée ainsi coupée et enveloppée en pays ennemi, était dans une situation périlleuse, et que la plus grande discipline et la plus grande vigilance étaient nécessaires. Il établit les règles les plus sévères dans le camp, interdisant tous jeux, blasphèmes ou querelles, en bannissant toutes femmes perdues et leurs ruffians, excitateurs ordinaires de batailles et de querelles entre les soldats. Il ordonna que personne ne pourrait s'éloigner pour se livrer aux escarmouches sans l'autorisation des commandants; que nul n'allumerait de feu dans les bois, sur les montagnes voisines, et que tout mot de passe donné aux villes maures ou aux individus serait inviolablement observé.

Ces règlements, appuyés de peines sévères, eurent un effet si salutaire que, quoiqu'une nombreuse armée composée d'éléments divers se trouvât mêlée et confondue, on n'entendit pas un mot d'opprobre, et que pas une arme ne fut tirée dans les querelles.

Pendant ce temps, le nuage de guerre s'était grossi au sommet des montagnes : une multitude des fiers guerriers de la sierra descendirent sur les collines basses de Bentomiz, qui dominaient le camp, résolus à se forcer passage jusqu'à la ville. On expédia contre eux un détachement qui, après un vif combat, les força à regagner les hauteurs où il n'était pas possible de les poursuivre.

Dix jours s'étaient écoulés depuis l'établissement de l'armée dans cette position, et l'artillerie n'était pas encore arrivée. Les lombardes et autres grosses pièces avaient été laissées, en désespoir, à Antequera : le reste s'en venait lentement par les vallées étroites, remplies de longs convois et de voitures chargées de munitions. Enfin une partie de la petite artillerie arriva à une demi-lieue du camp, et les chrétiens conçurent l'espérance de pouvoir commencer bientôt une attaque régulière contre les fortifications de la ville.

CHAPITRE XLVIII

Pendant que l'étendard de la foi flottait sur les collines
en face de Vélez-Malaga et que toutes les hauteurs et les
rochers se hérissaient d'ennemis, la guerre civile entre
les factions de l'Alhambra et de l'Albaycin, ou plutôt entre
El Zagal et El Chico continuait à désoler la ville de Grenade.

La nouvelle de l'investissement de Vélez-Malaga éveilla
enfin l'attention des vieillards et des alfaquis dont les cer-
veaux n'étaient point échauffés par les querelles quoti-
diennes. Ils se répandirent par la ville, pour tâcher de ramener le peuple au sentiment du danger commun.

— Pourquoi, dirent-ils, continuer ces querelles entre
frères et parents? Quelles batailles que celles où même le
triomphe est une honte, où le vainqueur rougit de ses cica-
trices et les cache. Voyez les chrétiens ravageant le sol illustré par le courage et le sang de vos ancêtres, occupant les

maisons construites par ceux-ci, assis sous les arbres plantés
par eux, tandis que vos frères errent, sans toit et désolés !
Voulez-vous trouver votre ennemi véritable? Il est campé
sur la montagne de Bentomiz. Voulez-vous un champ de
bataille où déployer votre valeur? Vous le trouverez sous les
murs de Vélez-Malaga.

Après avoir ainsi secoué l'esprit du peuple, ils se rendirent
auprès des rois rivaux, et leur adressèrent des remontrances
analogues. Hamet-Aben-Zarrex, l'inspiré, reprocha à El Zagal son ambition aveugle et insensée :

— Vous désirez d'être roi, lui dit-il, et cependant vous
laissez se perdre votre royaume.

El Zagal se trouvait pris dans un dilemme perplexe. Il
avait une double guerre à soutenir, contre l'ennemi de l'extérieur et contre l'ennemi de l'intérieur. Si les chrétiens
s'emparaient des côtes maritimes, cet événement serait
funeste au royaume; s'il abandonnait Grenade pour combattre les chrétiens, son neveu pouvait s'emparer de son
trône vacant. Il fit loi de nécessité, et dans son désir de se
rendre aux avis des alfaquis, il essaya de s'entendre avec
Boabdil. Il lui exprima de vives craintes sur les pertes successives du pays, causées par les dissensions de la capitale ; et
une occasion se présentait alors de tout concilier d'un coup.
Les chrétiens s'étaient, en quelque sorte, placés dans une
tombe entre les montagnes ; il ne restait plus qu'à jeter la
terre sur eux. Il offrit d'abdiquer le titre de roi, de se soumettre au gouvernement de son neveu, et de combattre sous
sa bannière ; tout ce qu'il désirait était de secourir promptement Vélez-Malaga et de tirer vengeance des chrétiens.

Boabdil regarda cette proposition comme une ruse d'hy-
pocrite et de traître.

— Quelle confiance, dit-il, puis-je avoir en un homme qui a fait mourir mon père et mes parents par trahison, et qui, à plusieurs reprises, a menacé ma propre vie, en usant de violence et de ruse?

El Zagal écuma de rage, mais il n'y avait pas de temps à perdre. Il était soutenu par les alfaquis et les nobles de sa cour; les jeunes chevaliers étaient pleins d'ardeur, le peuple se plaignait hautement que les plus riches cités fussent abandonnées à l'ennemi. Le vieux guerrier était naturellement plein de désir de combattre; il voyait aussi que l'inaction mettait en danger et la couronne et le royaume, tandis qu'un succès assurait sa popularité à Grenade.

Il avait plus de troupes à sa disposition que son neveu, ayant reçu tout récemment des renforts de Baza, de Guadix et d'Almaria; il pouvait se mettre en marche avec des forces respectables et laisser une bonne garnison dans l'Alhambra. Il prit ses mesures en conséquence et partit soudainement pendant la nuit, à la tête d'un millier de chevaux et de vingt mille fantassins. Il prit la route la moins fréquentée, le long de la chaîne de montagnes s'étendant de Grenade aux hauteurs de Bentomiz, et marcha avec une telle rapidité, qu'il arriva avant que le roi Ferdinand eût eu connaissance de son approche.

Les chrétiens prirent l'alarme, un soir, en voyant s'élever à l'improviste de grands feux sur la montagne, près de la forteresse de Bentomiz. A la lueur de ces feux, ils virent reluire les armes et les costumes des troupes, et entendirent résonner les tambours et les trompettes des Maures. Aux feux de Bentomiz répondirent les feux des tours de Vélez-Malaga. Les cris « El Zagal! El Zagal! » furent répétés par les échos des rochers, et s'élevèrent du sein de la ville; les chrétiens comprirent alors que le vieux roi de Grenade occupait la montagne au dessus de leur camp.

Les Maures se laissèrent aller soudainement au plus grand enthousiasme, tandis que les chrétiens étaient stupéfaits de voir cet orage de guerre tout prêt à éclater sur leurs têtes. Le comte de Cabra avec cette ardeur qui l'animait dès qu'il y avait un roi sur le champ de bataille, voulait escalader les hauteurs et attaquer El Zagal, avant qu'il eût le temps de former son camp; mais Ferdinand, qui était plus froid et plus sage, le retint. Pour attaquer les hauteurs il fallait abandonner le siége. Il donna l'ordre à chacun de faire bonne garde à son poste, et de se tenir prêt à le défendre jusqu'à la dernière extrémité, mais sans le quitter sous aucun prétexte pour attaquer.

Toute la nuit, les feux restèrent allumés le long des montagnes, illuminant et animant tout le pays. Le soleil, le lendemain, en se levant sur le sommet de Bentomiz éclaira un spectacle d'une martiale splendeur. En descendant de la montagne, il éclairait les blanches tentes des chevaliers chrétiens, couronnant leurs dômes, au milieu des fanons et des enseignes déployés sous la brise du matin. Le somptueux pavillon du roi, surmonté du saint étendard de la croix et des royales bannières de Castille et d'Aragon dominait tout le camp. Au delà de la ville, son haut château et de nombreuses tours reluisaient de l'éclat des armes, et par dessus tout et précisément au profil de la montagne, en plein soleil levant, se développaient les tentes des Maures; les soldats au turban circulaient à l'entour et la bannière des infidèles flottait dans l'air. Des colonnes de fumée s'élevaient des points où les feux de la nuit avaient brûlé; l'éclat des cymbales maures, le bruit de leurs fanfares, le hennissement des chevaux, se fai-

saient entendre sur ces sommets aériens. L'atmosphère est si
pure et si transparente dans cette région, que tout objet peut
s'apercevoir distinctement à une grande distance, et les
chrétiens purent de la sorte distinguer la masse formidable
d'ennemis accumulés sur le sommet des montagnes environnantes.

Un des premiers soins du roi maure avait été de lancer
un corps considérable, sous les ordres de Rodovan de Vanegas, alcayde de Grenade, pour tomber sur le convoi d'artillerie qui s'avançait à une grande distance par les défilés de la
montagne. Ferdinand avait prévu cette attaque et envoyé le
commandeur de Léon avec un corps de cavalerie et d'infanterie pour appuyer le maître d'Alcantara. El Zagal, de la
hauteur des montagnes, ayant vu le détachement sortir du
camp, rappela immédiatement Rodovan de Vanegas. Les
armées restèrent au repos pendant quelque temps. Le roi
maure surveillait d'en haut le camp chrétien, comme un
tigre guette l'occasion de bondir sur sa proie. Les chrétiens étaient dans une situation dangereuse; au dessous
d'eux une ville de guerre, au dessus d'eux une puissante
armée, et de tous côtés des montagnes remplies d'impla-
cables ennemis.

Après qu'El Zagal se fut rendu compte naturellement de
la situation du camp chrétien, et qu'il eut pris toutes les
informations sur les passages de la montagne, il conçut le
plan de surprendre l'ennemi dont il se flatta de consommer
la ruine, et peut-être même de faire prisonnier le roi Ferdinand. Il écrivit une lettre à l'alcayde de la ville, lui ordonnant, à la tombée de la nuit, et sur un signal de feu qui
partirait de la montagne, de sortir à la tête de toutes ses
troupes et de se jeter avec vigueur sur le camp. Le roi, à ce

même moment, descendrait de la montagne avec son armée et attaquerait le camp de l'autre côté, l'écrasant ainsi à l'heure du profond sommeil. La lettre fut envoyée par un renégat chrétien qui connaissait tous les chemins secrets du pays, et s'il était pris, il pouvait se faire passer pour un chrétien échappant à la captivité.

Le fier El Zagal, confiant dans le succès de son stratagème, regardait au dessous de lui les chrétiens comme des victimes marquées à l'avance.

Lorsque le soleil descendit sur l'horizon, et que les grandes ombres des montagnes s'étendirent sur la plaine, il jeta un regard ardent sur le camp, qui ne paraissait pas avoir conscience du danger.

— Allah akbar! s'écria-t-il, Dieu est grand! Voici les infidèles entre nos mains; leur roi et la fine fleur de leur chevalerie seront bientôt à notre merci. Le moment est venu pour nos hommes de montrer leur courage, et, par une grande victoire, de reconquérir tout ce que nous avons perdu. Heureux celui qui tombera en combattant pour la cause du prophète, il ira au paradis des fidèles, entouré d'immortelles houris! Heureux celui qui survivra à la victoire, il verra Grenade, un paradis terrestre, encore une fois délivrée de ses ennemis et rendue à sa gloire!

Ces paroles d'El Zagal furent couvertes d'acclamations par ses troupes, qui attendaient impatiemment l'heure marquée pour s'élancer du haut de leur montagne sur les chrétiens.

CHAPITRE XLIX

RÉSULTAT DU STRATAGÈME D'EL ZAGAL POUR SURPENDRE
LE ROI FERDINAND.

La reine Isabelle et sa cour étaient restées à Cordoue dans une grande inquiétude sur le résultat de l'expédition du roi. Chaque jour, il arrivait des renseignements sur les difficultés que rencontrait le transport de l'artillerie et des munitions, et sur la situation critique de l'armée.

On était dans cet état d'inquiétude, lorsque des courriers arrivèrent à toutes brides annonçant la sortie soudaine de El Zagal de Grenade pour surprendre le camp chrétien. Tout Cordoue était dans la consternation. La destruction de la chevalerie andalouse dans les montagnes voisines revint à la mémoire ; on craignait qu'une catastrophe pareille n'accablât du haut des rochers et des précipices Ferdinand et son armée.

La reine Isabelle partageait les alarmes du public, mais ce fut pour elle une occasion de montrer toute l'énergie de son héroïque cœur. Au lieu de laisser voir ses appréhensions, elle cherchait le moyen de prévenir le danger. Elle appela sous les armes tous les hommes de l'Andalousie, au dessous de soixante et dix ans, pour voler au secours de leur souverain, et elle se prépara à partir avec les premières levées.

Le grand cardinal d'Espagne, le vieux Pedro Gonzalez de Mendoza, qui joignait à la piété d'un saint et à la sagesse d'un conseiller, l'ardeur d'un chevalier, offrit une haute paie à tous les cavaliers qui voudraient le suivre pour prêter aide à leur souverain et à la cause chrétienne, et, endossant son armure, il se disposa à les conduire sur le théâtre du danger.

L'appel de la reine mit le feu au vif esprit des Andaloux. Des guerriers, qui depuis longtemps avaient renoncé aux combats et avaient envoyé leurs fils à la guerre, saisirent alors la lance et l'épée, qui se rouillaient, pendues au mur, et se mirent à la tête de leurs serviteurs grisonnants et de leurs petits-fils. La grande appréhension était que les secours n'arrivassent trop tard. El Zagal et ses bandes avaient traversé les montagnes comme la foudre, et l'on redoutait que la tempête n'eût éclaté déjà sur le camp chrétien.

La nuit que El Zagal avait marquée pour l'exécution de son plan venait de se clore. Il avait attendu que la dernière lueur du jour fût éteinte et que le camp espagnol tout entier fût plongé dans le repos.

A mesure que les heures avançaient, les feux s'éteignaient. Plus de bruit de tambour ni de trompette ; on n'entendait plus que le pas lourd des soldats ou l'écho du hennissement des chevaux, le mouvement des patrouilles parcourant le camp ou des sentinelles qu'on relevait. El Zagal comprima son impatience et celle de ses troupes jusqu'à ce que la nuit fût plus avancée et que le camp fût plongé dans ce sommeil

profond dont les hommes s'arrachent difficilement et qui les
rend, éveillés, faciles à épouvanter et à s'égarer.

Enfin l'heure arrêtée arriva. Sur l'ordre du roi maure,
une flamme brillante s'éleva des hauteurs de Bentomiz;
mais El Zagal attendit en vain le signal de réponse de la
ville. Son impatience ne put se contenir plus longtemps;
il ordonna à l'armée de descendre le défilé et d'attaquer le
camp. Ce défilé était étroit et entouré de rochers. Comme
les troupes avançaient, elles tombèrent soudainement dans
une gorge obscure, sur une masse noire; c'étaient des soldats chrétiens. Un cri terrible se fit entendre, et les chrétiens
se préparèrent à l'attaque. Les Maures surpris et déconcertés
battirent en retraite sur les hauteurs. Lorsque El Zagal vit
des chrétiens postés dans le défilé, il soupçonna quelque
contre-plan de leur part. Il fit allumer les feux des montagnes. Ce signal donné sur toutes les hauteurs, des flammes
s'élevèrent de grands bûchers de bois préparés dans ce but.
Les collines s'enflammèrent l'une après l'autre, si bien que
l'atmosphère tout entière fut embrasée comme une fournaise.
Les rouges lueurs qui flambaient au dessus des gorges et des
passes éclairaient singulièrement le camp des chrétiens,
dessinant leurs tentes, les postes, les défenses. Partout où
El Zagal porta les yeux, il vit la lumière de ces feux réper-
cutée par des cuirasses, des casques et des lances étince-
lants, il distingua un faisceau d'armes plantées dans chaque
passe; chaque point attaquable occupé par des détachements de cavalerie et d'infanterie, en bataille, attendant
l'attaque.

En un mot, la lettre d'El Zagal à l'alcayde de Vélez-Malaga
avait été interceptée par le vigilant Ferdinand; le messager rénégat avait été pendu, et, à la tombée de la nuit, les

mesures avaient été prises pour faire à l'ennemi une chaude réception. El Zagal vit bien que son plan de surprise avait été découvert et déjoué; furieux de ce désappointement, il donna à ses troupes l'ordre d'attaquer. Elles se jetèrent en poussant des grands cris dans les défilés, mais y rencontrèrent de nouveau des masses de soldats chrétiens, l'avant-garde de l'armée commandée par don Hurtado de Mendoza, le frère du grand cardinal. Les Maures furent encore repoussés et regagnèrent les hauteurs. Don Hurtado les eut bien poursuivis; mais les sentiers étaient âpres et escarpés, et pouvaient être facilement défendus par l'ennemi. Une chaude action s'engagea dans la nuit à l'arbalète, au javelot et à l'arquebuse; les collines répercutaient l'écho des décharges, pendant que les feux allumés sur les montagnes répandaient une lueur sinistre et incertaine sur cette scène.

Quand le jour arriva, et que les Maures virent qu'il n'y avait plus aucun secours à attendre du côté de la ville, leur ardeur commença de se refroidir; constatant aussi que chacun des passages de la montagne était gardé par des troupes chrétiennes, ils commencèrent à craindre une attaque à leur tour. A ce moment, le roi Ferdinand envoya le marquis de Cadix, avec cavalerie et infanterie pour s'emparer d'une hauteur occupée par un bataillon de l'ennemi. Le marquis attaqua les Maures avec son impétuosité habituelle, et les eut bientôt dispersés. Les autres qui étaient au dessus voyant leurs compagnons en fuite, furent saisis d'une soudaine panique. Ils jetèrent leurs armes et battirent en retraite. Une de ces terreurs indicibles qui de temps en temps s'emparent des grandes assemblées d'hommes et auxquelles les Maures avec leur légèreté d'esprit étaient fort sujets, se répandit alors dans le camp tout entier.

Ils se débarrassèrent de leurs épées, de leurs lances, de leurs plastrons, de leurs arbalètes, de toutes choses enfin qui pouvaient retarder ou empêcher leur fuite, et, se répandant de tous cotés dans les montagnes, se perdirent dans les défilés. Ils fuyaient sans que personne les poursuivît, effrayés par le cliquetis de leurs armes et par le bruit des pas l'un de l'autre. Rodovan de Vanegas, le brave alcayde de Grenade, réussit seul à réunir une poignée des fuyards; il fit avec eux un détour dans les passes des montagnes, et se frayant un chemin à travers une partie affaiblie des lignes chrétiennes, il galopa vers Vélez-Malaga. Le reste de l'armée maure fut complétement dispersé. En vain El Zagal et ses chevaliers tentèrent-ils de rallier les troupes; ils furent laissés pour ainsi dire seuls et durent songer par la fuite à leur propre sécurité.

Le marquis de Cadix, ne rencontrant pas d'opposition, monta d'éminence en éminence, reconnaissant chacune d'elles avec la plus grande précaution, et redoutant quelque stratagème ou embûche. Tout, au contraire, était fort calme. Il arriva avec son détachement à l'endroit que l'armée des Maures avait occupé; les hauteurs étaient abandonnées et le sol y était couvert de cuirasses, de cimeterres, d'arbalètes et autres armes. Ne se sentant pas en force pour poursuivre l'ennemi, il revint au camp royal chargé de dépouilles.

Le roi Ferdinand ne pouvait d'abord croire à une défaite aussi complète et aussi miraculeuse. Soupçonnant quelque stratagème, il ordonna de continuer une stricte surveillance dans le camp, et voulut que chacun se tînt prêt à prendre les armes à tout instant. La nuit suivante, un millier de cavaliers et d'hidalgos montèrent la garde autour de la tente royale, ainsi qu'ils l'avaient fait pendant plusieurs des nuits précédentes, et le roi ne se relâcha point de cette extrême vigilance, jusqu'à ce qu'il eût reçu l'avis positif de la dispersion complète de l'armée et de la fuite d'El Zagal.

La nouvelle de cette déroute et du salut de l'armée chrétienne arriva à Cordoue au moment même où les renforts allaient en partir. Les inquiétudes de la reine et les alarmes du public se changèrent en transports de joie et de gratitude. Les troupes furent renvoyées, on fit des processions solennelles et on chanta le *Te Deum* en commémoration d'une si éclatante victoire.

CHAPITRE L

L'audace du vieux guerrier Muley-Abdallah el Zagal, à aller défendre ses territoires, pendant qu'il laissait un rival armé dans la capitale, transporta d'admiration le peuple de Grenade. On se rappela ses anciens exploits, et on fonda des espérances de quelque hardi coup de main nouveau sur sa bravoure. Des courriers de l'armée étaient venus raconter la formidable position qu'il occupait sur la hauteur de Bentomiz. Il y eut un moment de halte dans les troubles qui agitaient la ville ; toute l'attention était tournée vers le coup qui allait frapper le camp des chrétiens.

Les mêmes causes qui avaient répandu à Cordoue tant d'émotions et de terreurs, emplirent d'une enthousiaste confiance tous les cœurs dans Grenade. Les Maures s'attendaient à un autre massacre pareil à celui des montagnes de Malaga.

« El Zagal a de nouveau traqué l'ennemi, était le cri général. La puissance des infidèles va être frappée au cœur, et nous allons voir bientôt le roi chrétien conduit captif dans la capitale ! »

Le nom d'El Zagal était ainsi sur toutes les lèvres. On l'exaltait comme le sauveur de la patrie, le seul digne de porter la couronne maure. Boabdil fut vilipendé pour son impassibilité, alors que son pays était envahi, et les clameurs de la populace devinrent si violentes contre lui, que ses partisans craignirent pour ses jours.

Pendant que le peuple de Grenade se montrait impatient de recevoir la nouvelle de la victoire sur laquelle on comptait tant, des cavaliers dispersés traversaient la vega, l'éperon aux flancs de leurs chevaux.

C'étaient les fuyards de l'armée maure qui apportaient le premier récit incohérent de la défaite. Chacun de ceux qui cherchaient à raconter cette indicible panique, et cette destruction ressemblait à quelqu'un qui cherche à rattrapper les souvenirs embrouillés d'un rêve effroyable. Ils ne savaient comment et pourquoi ce rêve était venu et s'en était allé. Ils parlaient d'une bataille livrée pendant la nuit au milieu de rochers et de précipices, à la lueur des flammes ; d'une multitude d'ennemis armés occupant chaque défilé, aperçue à travers les rayons et les reflets de ces feux ; de la soudaine terreur qui avait suivi l'armée au lever de l'aurore, de sa fuite et de sa dispersion entière. A chaque heure, l'arrivée de nouveaux fuyards confirmait l'histoire de cette ruine et de ce désastre.

Le peuple de Grenade ressentit une humiliation proportionnée à l'enthousiasme qu'il venait d'éprouver. Il y eut un cri universel, non de douleur, mais d'indignation.

On confondit le chef avec l'armée ; l'abandonné avec ceux qui l'avaient abandonné ; et El Zagal, d'idole qu'il avait été, devint un objet d'exécration pour le peuple. Il avait sacrifié l'armée; il avait humilié la nation; il avait trahi le pays. Il était un misérable, un traître, et indigne de régner !

Tout à coup quelqu'un dans la foule cria : « Longue vie à Boabdil el Chico ! » Ce cri eut mille échos, et chacun de crier : « Longue vie à Boabdil el Chico ! Longue vie au roi légitime de Grenade, et mort à tous les usurpateurs ! » Ainsi excitée, la foule se porta aussitôt à l'Albaycin, et ceux mêmes qui avaient récemment assiégé Boabdil entourèrent son palais en poussant des acclamations. Les clefs de la ville et de toutes les forteresses furent déposées à ses pieds, et on le porta en triomphe à l'Alhambra, et une fois encore il fut assis, avec tout la pompe ordinaire, sur le trône de ses ancêtres.

Boabdil avait à cette époque été tellement accoutumé à être couronné et découronné par la multitude, qu'il n'eut pas grande foi dans la durée de sa fidélité. Il se voyait entouré de basses âmes, et savait que la plupart des courtisans de l'Alhambra étaient secrètement dévoués à son oncle. Il monta sur le trône comme un souverain légitime qui en avait été dépossédé par un usurpateur, et il ordonna de trancher la tête à quatre des principaux nobles qui avaient été les plus zélés à le soutenir. Des exécutions de cette sorte étaient de règle à chaque changement de gouvernement, et on vanta bien haut la modération et l'humanité de Boabdil se contentant d'un si petit sacrifice. Les factions furent réduites au silence; le peuple, qui se plaît dans les changements, porta Boabdil aux nues, et le nom de Muley-Abdallah el Zagal devint dans la ville, pendant un moment, le synonyme d'infamie et d'opprobre.

Jamais commandant ne fut plus étonné et plus confondu

qu'El Zagal par un revers soudain. Le soir l'avait vu à la tête d'une puissante armée, tenant l'ennemi au bout de son bras, et sur le point de se couvrir de gloire et de consolider son pouvoir par une victoire; le matin le vit fuyant à travers les montagnes; son armée, sa fortune, sa puissance, tout avait été dispersé sans qu'il pût savoir comment, évanoui comme un rêve de la nuit! En vain il avait tenté d'arrêter la fuite de ses soldats. Il avait vu ses escadrons se rompre et s'épandre dans les gorges des montagnes, au point que, de toute son armée, il ne lui était plus resté de fidèles qu'une poignée de cavaliers. Il fit avec eux une retraite brillante sur Grenade, mais son cœur était plein de sombres pressentiments.

Quand il se trouva près de la ville, il fit halte sur les bords du Xénil, et envoya des éclaireurs pour prendre vent de ce qui se passait. Ceux-ci revinrent le visage consterné.

— Les portes de Grenade, dirent-ils, sont closes devant vous. La bannière de Boabdil el Chico flotte sur la tour de l'Alhambra.

El Zagal fit tourner bride à son cheval et s'éloigna en silence. Il se retira dans la ville d'Almuneçar et de là dans Almeria, deux places qui lui étaient demeurées fidèles. Inquiet et incapable de rester si éloigné de la capitale, il changea de nouveau de résidence et s'établit dans la ville de Guadix. Il y resta, s'occupant de recruter des forces, et se préparant à profiter du premier revirement dans la politique mobile de la métropole.

CHAPITRE LI

Le peuple de Vélez-Malaga avait vu le camp de Muley-Abdallah el Zagal couvrant le sommet du Bentomiz, et rayonnant sous les derniers feux du soleil couchant. Pendant la nuit les habitants avaient été remplis d'inquiétude et de perplexité par les signaux allumés et par le bruit éloigné de la bataille. Au lever du jour, l'armée maure s'était évanouie comme par enchantement. Pendant qu'ils étaient plongés dans l'étonnement et se perdaient dans les conjectures, un corps de cavalerie, les débris de l'armée sauvés par Rodovan de Vanegas, le brave alcayde de Grenade, arriva au galop devant les portes. La nouvelle de cette étrange déconfiture de l'armée jeta la consternation dans la ville; mais Rodovan exhorta le peuple à persister dans sa résistance.

Il était dévoué à El Zagal, plein de confiance dans son énergie et dans son courage, et était assuré qu'avant peu il aurait rassemblé ses forces dispersées et reviendrait de Grenade avec des troupes fraîches. Le peuple fut réconforté par les paroles et encouragé par la présence de Rodovan; il

avait encore une lueur d'espoir, c'est que la grosse artillerie
des chrétiens serait retenue dans les défilés impraticables
des montagnes. Cet espoir devait bientôt s'évanouir. Dès le
lendemain ils aperçurent, se mouvant lentement et labo-
rieusement dans le camp espagnol, de longues lignes de canons, lombardes, ribodequins, catapultes et chariots traînés
avec leurs munitions, pendant que l'escorte, sous les ordres
du brave maître d'Alcantara, se formait en bataillons dans
le camp, pour augmenter les forces des assiégeants.

La nouvelle que Grenade avait fermé ses portes à El Zagal,
et qu'il n'y avait aucun renfort à attendre, acheva de
jeter le désespoir parmi les habitants; Rodovan lui-même
perdit confiance et conseilla de capituler.

Les termes de la capitulation furent arrêtés entre l'alcayde
et le noble comte de Cifuentes. Ce dernier avait été, à Grenade, prisonnier de Rodovan qui l'avait traité avec une
courtoisie chevaleresque. Ils avaient conçu de l'estime l'un
pour l'autre et se rencontrèrent comme d'anciens amis.

Ferdinand accorda des conditions favorables : car il était
fort désireux de marcher sur Malaga. Les habitants eurent
la faculté d'emporter tous leurs effets, les armes exceptées,
et de résider en Espagne, si bon leur semblait; mais dans
des villes éloignées de la mer. Cent vingt chrétiens des deux
sexes furent tirés de captivité par la capitulation de Vélez-
Malaga, et envoyés à Cordoue où ils furent reçus avec de
grands témoignages de sympathie par la reine et sa fille, l'infante Isabelle, dans la fameuse cathédrale, au milieu d'une
foule en liesse de cette victoire.

La prise de Vélez-Malaga fut suivie de la reddition de
Bentomiz, de Comares et de toutes les villes et forteresses de
l'Axarquia, pourvues de fortes garnisons et ayant à leur tête

de rudes et vaillants chevaliers comme alcaydes. Les habitants de près de quarante villes des montagnes de l'Alpuzarra envoyèrent aussi des députations aux souverains castillans, faisant serment d'allégeance comme Mudejares ou vassaux mahométans.

A peu près en même temps arrivèrent des lettres de Boabdil el Chico faisant part aux souverains de la révolution de Grenade en sa faveur. Il implorait leur bonté et leur protection pour les habitants qui avaient fait acte de soumission, et pour ceux des autres villes qui renonceraient à l'obéissance envers son oncle. De cette sorte, observait-il, tout le royaume de Grenade serait bientôt porté à reconnaître son autorité et demanderait à être réduit par son entremise à fidèle vasselage envers la couronne de Castille.

Les souverains catholiques se rendirent à sa prière. Leur protection s'étendit immédiatement jusqu'aux habitants de Grenade à qui il fut permis de cultiver leurs champs en paix, et de trafiquer sur les territoires chrétiens de tous articles, sauf les armes, et à la condition d'être pourvus d'un sauf-conduit d'un capitaine ou alcayde chrétien. La même faveur fut assurée à toutes les autres villes qui, dans un délai de six mois, se sépareraient d'El Zagal et se rangeraient sous l'autorité du jeune roi. Si elles n'acceptaient pas dans le délai stipulé, les souverains se réservaient de leur déclarer la guerre et de les conquérir au profit de leur couronne. Cette mesure produisit un grand effet en décidant beaucoup de villes à se ranger sous la bannière de Boadbil.

Après avoir pris tous les arrangements nécessaires pour l'administration et la sécurité des nouveaux territoires conquis, Ferdinand tourna toute son attention vers l'objet principal de sa campagne, la réduction de Malaga.

CHAPITRE LII

La ville de Malaga est située au sein d'une vallée fertile, entourée de montagnes, excepté du côté qui ouvre sur la mer. C'était une des villes les plus importantes du royaume mauresque, et aussi une des plus fortes; défendue par des murs d'une solidité éprouvée, et appuyée par un grand nombre de tours formidables. Du côté de la terre, Malaga était protégée par des barrières naturelles de montagnes, et de l'autre côté, les vagues de l'Océan battaient les fondations de ses massives fortifications.

A l'une des extrémités de la ville, près de la mer, sur un mamelon élevé, se trouvait l'Alcazaba ou citadelle, forteresse d'une solidité extraordinaire. Immédiatement au dessus se dressait un monticule abrupte et rocheux, sur le sommet duquel, jadis, avait existé un pharos ou phare, d'où cette éminence avait pris son nom de Gibralfaro (1). Aujourd'hui

_____

(1) Corruption de *Gibel Faro*, la colline du phare.

ce rocher est couronné d'un immense château fort qui, à
cause de sa situation élevée et escarpée, de ses murailles
colossales et de ses défenses puissantes est réputé imprenable. Il communiquait avec l'Alcazaba par un chemin sou-
terrain, large de six pas, ouvert entre deux murailles le
long du profil du rocher. Le château de Gibralfaro commandait à la fois la ville et la citadelle, et était en état, au cas
où toutes les deux fussent prises, de soutenir un siége.

Deux grands faubourgs touchaient la ville : dans l'un,
vers la mer, se trouvaient les habitations des plus opulentes
familles, ornées de jardins suspendus; l'autre, du côté de la
terre, était pauvrement peuplé, et entouré de fortes murailles et de tours.

Malaga enfermait une brave et nombreuse garnison, et le
peuple y était actif et énergique; mais la cité était riche et
commerçante et sous le contrôle habituel de nombreux marchands opulents qui redoutaient les ruineuses conséquences
d'un siége. Ils étaient peu jaloux de la renommée belliqueuse de leur cité, et préféraient de beaucoup jouir de la
sécurité, de la prospérité, et des lucratifs priviléges du commerce avec les territoires chrétiens, garantis à toutes les
villes qui se déclareraient en faveur de Boabdil. A la tête
de ses citoyens avides de gains, se trouvait Ali Dordux, un
puissant marchand, d'une fortune que l'on ne comptait pas,
dont les navires commerçaient avec tous les ports du Levant
et dont la parole faisait loi dans Malaga.

Ali Dordux réunit les plus opulents et les plus importants
de ses co-marchands, et ils se rendirent en corps à l'Alcazaba où ils furent reçus par l'alcayde, Albozen Connexa, avec
cette déférence que l'on montre généralement aux heureux
investis de dignités locales, et influents par leur bourse. Ali

Dordux était grand, majestueux et de belle prestance, verbeux et emphatique de parole. Son éloquence produisit donc un certain effet sur l'alcayde, lorsqu'il représenta le peu de chance qu'offrait une défense de Malaga, les misères qui sont la conséquence d'un siége, et les désastres qui suivraient la prise de la ville par la force des armes. D'un autre côté, il représenta les bienfaits à attendre des souverains de Castille par une prompte et volontaire reconnaissance de la royauté de Boabdil, la paisible possession de leurs propriétés, et les avantages qui résulteraient du commerce avec les ports chrétiens ouverts devant eux. Il fut soutenu par ses coadjuteurs, gens de poids et d'importance, et l'alcayde, accoutumé à les considérer comme les arbitres des affaires de la ville, se rendit à leurs avis unanimes. Il se dirigea donc, en toute hâte au camp chrétien, muni de pouvoirs pour traiter de la capitulation avec le monarque chrétien et laissa le commandement de l'Alcazaba à son frère.

Il y avait à cette époque, dans le vieux château fort de Gibralfaro, en qualité d'alcayde, un fier et belliqueux maure, implacable ennemi des chrétiens. Ce n'était autre que Hamet Zeli, surnommé El Zegri, l'ancien alcayde de Ronda et la terreur des montagnes. Il n'avait jamais oublié la prise de sa forteresse favorite, et cuvait sa vengeance contre les chrétiens. En dépit de ses revers, il avait conservé la faveur d'El Zagal, qui, sachant apprécier un guerrier de cette trempe, lui avait donné le commandement de l'importante forteresse de Gibralfaro.

Hamet el Zegri avait rassemblé autour de lui les débris de sa bande de Gomeres, ainsi que d'autres de la même tribu; ces féroces soldats étaient nichés comme autant de vautours sur leur rocher escarpé. Ils regardaient avec mépris la cité commerçante de Malaga, qu'ils étaient placés là pour protéger; ou plutôt ils ne l'estimaient qu'à raison de son importance militaire et de sa capacité à se défendre. Ils n'avaient aucune relation avec ses habitants, gens de commerce et âpres au gain, et même ils considéraient les soldats de l'Alcazaba comme bien inférieurs à eux. La guerre était leur occupation et leur passion; ils se plaisaient au milieu de ses scènes de trouble et de danger; et pleins de confiance en la force de la ville, et par dessus tout, en celle de leur citadelle, ils avaient dédaigné les menaces d'une invasion chrétienne. Il y avait en outre parmi eux un certain nombre de Maures apostats, qui jadis avaient embrassé le christianisme, mais l'avaient, depuis, rénié et s'étaient enfuis devant les vengeances de l'inquisition. C'étaient des désespérés qui n'avaient aucune merci à attendre s'ils venaient à tomber entre les mains de l'ennemi.

Tels étaient les éléments dont se composait la garnison de Gibralfaro, et on peut concevoir la rage de ces hommes à l'idée que Malaga allait se rendre sans coup férir; que ses habitants allaient se faire vassaux des chrétiens, sous la conduite immédiate de Boabdil el Chico, et que l'alcayde de l'Alcazaba était parti pour traiter des termes de la capitulation.

Hamet el Zegri résolut de prévenir, par des moyens désespérés, cette honte qui allait s'accomplir. Il savait qu'il y avait dans la ville un fort parti fidèle à El Zagal, composé d'hommes de guerre, et qui y avaient cherché un refuge lors de la prise des villes de la montagne. Leurs sentiments étaient au niveau de leurs infortunes, et, comme Hamet, ils entretenaient le désir de se venger des chrétiens. Il eut une conférence secrète avec eux, et reçut leur serment d'adhésion à toutes mesures qui auraient pour but de défendre la ville. Quant au conseil des pacifiques habitants, il regarda comme indigne d'un soldat d'y avoir égard, et il déclara l'incompétence du riche marchand Ali Dordux, en matière de guerre.

— Cependant, dit Hamet el Zegri, procédez avec régularité.

Il descendit avec ses Gomères à la citadelle, y pénétra inopinément, mit à mort le frère de l'Alcayde, et tous ceux de la garnison qui firent mine de résister, et somma les habitants d'avoir à délibérer sur les mesures propres à la défense de la ville (1).

De riches marchands se rendirent de nouveau à l'Alcazaba, excepté Ali Dordux qui refusa d'obéir à la sommation. Ils entrèrent dans la citadelle, l'esprit plein de terreur, car ils y trouvèrent Hamet entouré de son horrible garde africaine, dans tout l'attirail militaire, et virent les traces sanglantes du malheur récent.

Hamet el Zegri roula un œil furieux sur l'assemblée.

— Qui de vous, dit-il, est loyal et dévoué à Muley-Abdallah el Zagal?

Tous ceux qui étaient présents affirmèrent leur fidélité.

— C'est bien, reprit Hamet; et qui de vous est disposé à prouver son dévoûment à son souverain, en défendant cette ville jusqu'à la dernière extrémité?

Tous les assistants se dirent prêts.

— C'est assez! continua Hamet; l'alcayde Albozen Connexa a prouvé qu'il était traître à son souverain et à vous tous; car il a conspiré pour livrer la place aux chrétiens. C'est à vous maintenant de choisir un nouveau chef,

(1) Cura de los Palacios, c. LXXXII.

capable de défendre votre ville contre l'ennemi qui approche.

A l'unanimité, l'assemblée déclara qu'il ne pouvait y avoir personne de plus digne que lui de commander. Aussi Hamet el Zegri fut-il nommé alcayde de Malaga, et il s'occupa immédiatement de remplir les forts et les faubourgs de ses partisans, et de faire tous les préparatifs nécessaires pour une résistance désespérée.

La nouvelle de ces événements coupa court aux négociations entre le roi Ferdinand et l'alcayde Albozen Connexa destitué; on pensa qu'il n'y avait pas d'autre alternative que de mettre le siége devant la place. Le marquis de Cadix, cependant, rencontra à Vélez un cavalier maure de quelque distinction, natif de Malaga et qui offrit de négocier avec Hamet el Zegri la reddition de la ville, ou tout au moins de la citadelle de Gibralfaro. Le marquis en parla au roi :

— Je mets cette affaire et la clef de mon trésor entre vos mains, dit Ferdinand; agissez, stipulez, déboursez, en mon nom, comme il vous conviendra et ce qui vous conviendra.

Le marquis arma le Maure de sa propre lance, le couvrit de sa propre cuirasse et de son propre bouclier, et le fit monter sur un de ses chevaux. Il équipa de la même façon un autre Maure, son camarade et son parent. Ils portèrent des lettres secrètes à Hamet de la part du marquis, lui offrant la ville de Coïn à jouissance perpétuelle, plus quatre mille doublons d'or, s'il voulait lui livrer Gibralfaro, ainsi que d'importantes sommes à répartir entre les officiers et soldats; il promettait en outre des récompenses sans bornes à celui qui rendrait la ville. (1)

____

(1) Cura de los Palacios, c. LXXXII.

Hamet avait une admiration de soldat pour le marquis de Cadix; il reçut donc ses messagers avec courtoisie dans la forteresse de Gibralfaro. Il écouta patiemment leurs propositions; et les renvoya sains et saufs, mais avec un refus absolu. Le marquis pensa que la réponse n'était pas si péremptoire qu'elle dut le décourager de faire une seconde tentative. Les émissaires furent donc renvoyés, avec de nouvelles propositions. Ils approchèrent de Malaga pendant la nuit; mais trouvèrent les gardes doublées, les patrouilles rôdant, et toute la place sur le qui-vive. Ils furent découverts, poursuivis, et ne durent leur salut qu'à la vitesse de leurs chevaux et à la connaissance qu'ils avaient des défilés des montagnes.

Reconnaissant que toutes tentatives pour faire transiger la fidélité d'Hamet étaient désormais inutiles, le roi Ferdinand somma la ville de se rendre; offrant les conditions les plus favorables au cas d'une soumission immédiate; mais menaçant de la captivité tous les habitants en cas de résistance.

Le message fut lu en présence des principaux habitants qui redoutaient trop le sévère alcayde pour prononcer un mot. Hamet el Zegri se leva et répliqua fièrement que la ville ne lui avait pas été confiée pour qu'il la rendît, mais pour qu'il la défendît, et que le roi verrait comment il savait s'acquitter de son devoir (1).

Les messagers revinrent avec des récits effroyables sur l'importance de la garnison, l'état des fortifications et la détermination du chef et des hommes. Le roi donna l'ordre de faire venir immédiatement la grosse artillerie d'Antequerra; et, le 7 mai, il se dirigea avec son armée sur Malaga.

____

(1) Pulgar, part. III, cap. LXXIV.

CHAPITRE LIII.

L'armée de Ferdinand s'avança en ligne prolongée, en suivant le pied des montagnes qui bordent la Méditerranée ; pendant qu'une flotte de vaisseaux chargés de grosse artillerie et de munitions de guerre, mouilla à peu de distance de terre, couvrant la mer de mille voiles étincelantes. En voyant approcher de telles forces, Hamet el Zegri mit le feu aux maisons des faubourgs, qui touchaient les murailles, et envoya trois bataillons à la rencontre de l'avant-garde de l'ennemi.

L'armée chrétienne campa près de la ville à l'extrémité où la citadelle et la montagne de Gibralfaro défendent le bord de la mer. De l'autre côté de la citadelle, et environ à deux portées d'arc, entre celle-ci et la haute chaîne des montagnes, se trouvait un rocher élevé et escarpé qui dominait un défilé par où les chrétiens devaient passer pour pénétrer dans la vega, et contourner la ville. Hamet el Zegri ordonna aux trois bataillons de se rendre à leurs postes, un sur le rocher, un second à la passe, près de la citadelle, le troisième sur le revers de la montagne près de la mer.

Un corps de fantassins espagnols de l'avant-garde; rudes montagnards de la Gallicie, s'élancèrent sur la hauteur près de la mer; en même temps un certain nombre de cavaliers et d'hidalgos de la maison du roi, attaquèrent les Maures qui gardaient la passe au dessous. Les Maures défendirent leurs positions avec obstination et courage. Les Galliciens furent repoussés à diverses reprises et précipités du rocher, mais ils se rallièrent à chaque fois, et, renforcés des hidalgos et des cavaliers, ils revinrent à l'assaut. Ce combat obstiné dura pendant six heures, et fut mortel; il eut lieu non seulement à l'arbalète et à l'arquebuse, mais corps à corps, avec l'épée et la dague; aucun quartier ne fut demandé ni accordé de part et d'autre; on ne se battait pas pour faire des prisonniers, mais pour s'exterminer. Il n'y eut qu'une faible partie de l'avant-garde chrétienne qui s'engagea; si étroit était le défilé le long de la côte, que l'armée ne pouvait marcher qu'en file. Chevaux, fantassins et bêtes de somme se montaient les uns sur les autres, s'embarrassant mutuellement et se barrant le passage étroit et escarpé. Les soldats entendaient le grondement de la bataille, l'éclat des fanfares et le cri de guerre des Maures, mais ils faisaient des efforts inutiles pour courir au secours de leurs camarades.

Enfin un corps de fantassins de la Sainte Fraternité gravit, avec la plus grande difficulté, le côté escarpé de la montagne qui dominait le passage, et s'avança avec sept bannières déployées. Les Maures, voyant ces forces au dessus d'eux, abandonnèrent le passage avec désespoir.

Le combat durait toujours sur la hauteur. Les Galliciens, quoique appuyés par les troupes castillanes, sous les ordres de don Hurtado de Mendoza et de Garcillaso de la Vega, étaient sérieusement pressés et serrés de près par les Maures. Enfin un brave porte-étendard, nommé Luys Mazedo, se précipita au milieu de l'ennemi, et planta sa bannière au sommet de la colline. Les Galliciens et les Castillans, stimulés par ce noble dévoùment, se jetèrent sur les pas de Mazedo, combattant en désespérés, et les Maures furent enfin refoulés dans le château de Gibralfaro (1).

Cette position importante étant prise, le passage se trouva ouvert devant l'armée; mais la nuit approchait, et les troupes étaient trop fatiguées et trop sur les dents pour songer à dresser leur camp dans une telle position. Le roi, escorté de plusieurs grands et chevaliers, fit des rondes toute la nuit, plaçant des avant-postes du côté de la ville, établissant des sentinelles et des patrouilles pour donner l'alarme, au moindre mouvement de l'ennemi. Les chrétiens passèrent la nuit sous les armes, dans la crainte de quelque sortie et de quelque attaque.

Au lever du jour, le roi jeta un regard d'admiration sur cette cité qu'il espérait ajouter bientôt à son domaine. D'un côté, des vignes, des jardins, des vergers couvrant de verdure les collines; de l'autre, une mer douce et calme baignant ses murailles, Ses vastes et hautes tours et ses forteresses formidables attestaient les travaux des hommes magnanimes des premiers temps pour protéger leur ville favorite. Des jardins suspendus, des bois d'orangers, de citronniers et de grenadiers, de grands cèdres et de fiers palmiers, se mêlaient aux sombres créneaux et aux tours, attestant l'opulence et le luxe qui régnaient dans cette cité.

____

(1) Pulgar, *Cronica.*

L'armée chrétienne, pendant ce temps, avait franchi le passage, et, développant ses colonnes et étendant ses lignes, prenait possession de tous les terrains avantageux autour de la ville. Le roi Ferdinand examina ces terrains et assigna leurs postes aux différents commandants.

L'éminence qui avait donné lieu à un si vif combat, et qui faisait face à la puissante forteresse de Gibralfaro, fut confiée à Roderigo Poncé de Leon, marquis de Cadix, qui dans tous les siéges réclamait le poste du danger. Il avait avec lui plusieurs nobles chevaliers, avec leurs tenanciers, soit quinze cents chevaux et quatorze mille fantassins; il s'étendit du sommet de la colline jusqu'au bord de la mer, coupant ainsi les communications de la ville de ce côté. De ce poste, une ligne de tentes, fortifiée de boulevards et de fossés, s'étendait autour de la ville jusqu'à la mer; une flotte de vaisseaux et de galères était mouillée dans le port, en sorte que la place était complétement investie par mer et par terre. Sur ces divers points de la vallée résonnait le bruit des préparatifs; ils étaient occupés par les ouvriers préparant les engins de guerre et les munitions; armuriers et forgerons, forges allumées et marteaux battants; charpentiers et ingénieurs construisant les machines pour attaquer les murailles; tailleurs de pierres arrangeant les boulets de pierre pour l'artillerie; charbonniers manipulant l'aliment pour les fourneaux et les forges.

Dès que le camp fut installé, on débarqua des vaisseaux la grosse artillerie qui fut montée sur divers points. Cinq terribles lombardes furent placées sur la montagne, commandées par le marquis de Cadix, et destinées à agir contre la citadelle de Gibralfaro.

Les Maures firent d'énergiques efforts pour empêcher ces

préparatifs. Un feu terrible fut dirigé par leur artillerie contre les hommes occupés à creuser les tranchées ou à construire les batteries, si bien que ces derniers furent réduits à travailler pendant la nuit. Les tentes royales avaient été établies en avant et à la portée des batteries maures; elles furent si chaudement assaillies que force fut de les mettre à l'abri derrière une colline.

Quand tous les travaux furent achevés, les batteries chrétiennes ouvrirent à leur tour une terrible canonnade, pendant que la flotte, s'approchant de terre, attaqua vigoureusement la ville de l'autre côté.

« C'était un glorieux et délectable spectacle, dit Antonio Agapida, de voir cette cité infidèle ainsi cernée de terre et de mer par une puissante armée chrétienne. Chaque colline environnante était, pour ainsi dire, une petite ville de tentes, surmontée de la bannière de quelque guerrier de renom. Outre les vaisseaux de guerre et les galères qui étaient devant la place, la mer était couverte d'innombrables voiles, passant et repassant, apparaissant et disparaissant, apportant des provisions et des munitions à l'armée. C'eût été un grand spectacle, bien beau pour les yeux, si les jets de flamme et de fumée qui s'échappaient des vaisseaux que l'on eût dit endormis sur la paisible mer, et le tonnerre de l'artillerie de la ville et du camp, des tours et des créneaux, n'eussent dit que c'était un acte de mort qui s'accomplissait. »

Le soir, la scène fut bien plus terrible encore que pendant le jour. La lumière joyeuse du soleil avait disparu; il ne restait plus que les flammes de l'artillerie, les traînées lumineuses des combustibles lancés sur la ville et l'incendie des maisons. Le feu des batteries chrétiennes était incessant; il y avait notamment sept grandes lombardes, appelées les Sept Sœurs de Ximenes, qui faisaient une besogne terrible. L'artillerie maure répondait en tonnant du haut des murailles; Gibralfaro était enveloppé dans des nuages de fumée qui s'élevaient de sa base. Hamet el Zegri et ses Gomères contemplaient d'un œil triomphant la tempête de guerre qu'ils avaient déchaînée. « On eût dit, observe Antonio Agapida, autant de démons incarnés, à qui le ciel avait permis de posséder la ville pour sa perdition. »

CHAPITRE LIV

L'attaque de Malaga par mer et par terre durait depuis plusieurs jours avec une vigueur terrible, sans produire grand effet, tant étaient solides les anciennes fortifications de cette ville. Le comte de Cifuentes fut le premier à se signaler par quelques notables progrès. Une tour maîtresse dans les faubourgs avait été battue par le canon, et ses créneaux démolis ne pouvaient plus abriter ses défenseurs. Ce que voyant, le comte, à la tête d'un détachement de chevaliers de la garde du roi, s'avança pour s'en emparer d'assaut; les échelles appliquées, ils montèrent l'épée à la main. Les Maures n'ayant plus de créneaux pour se protéger, descendirent un étage, et se défendirent vigoureusement par les fenêtres et par les meurtrières, lançant torches de résine enflammées, masses de pierres, javelots et flèches sur les assaillants. Un grand nombre de chrétiens furent renversés; leurs échelles détruites par le feu, et le comte fut obligé de se retirer de la tour. Le lendemain, il recommença l'attaque avec des forces supérieures, et après un vigoureux combat, il réussit à planter sa bannière victorieuse sur la tour.

Les Maures, à leur tour l'attaquèrent; ils creusèrent une mine dans la partie qui regardait la ville, placèrent des tas de bois sous la fondation, et après s'être retirés, y mirent le feu. En peu de temps le bois s'enflamma, les fondations sautèrent, la tour fit explosion, une partie de ses murailles s'écroula avec un bruit terrible; un grand nombre de chrétiens périt dans cette catastrophe, et le reste se trouva exposé aux projectiles de l'ennemi.

Une brèche, cependant, avait été faite dans la muraille attenante à la tour, et les troupes s'étaient élancées au secours de leurs camarades. Un combat de deux jours et une nuit dura sur ce point, entre les renforts envoyés de la ville et ceux venus du camp. En avant et en arrière de la brèche les troupes combattaient avec des alternatives de succès, et des environs de la ville étaient jonchés de morts et de blessés. Enfin les Maures furent refoulés, disputant le terrain pouce à pouce, jusqu'à ce qu'ils rentrassent dans la ville, et les chrétiens restèrent maîtres du faubourg.

Ce succès partiel, quoique remporté au prix de beaucoup de peines et de beaucoup de sang, releva pour un moment le courage des chrétiens. Ils ne tardèrent pas à s'apercevoir que l'attaque des ouvrages principaux de la ville était une opération bien plus difficile qu'ils n'avaient pensé. On comptait dans la garnison de vieux soldats qui avaient servi dans la plupart des villes prises par les chrétiens; ils ne se laissaient plus intimider ni confondre par l'artillerie et autres engins de guerre d'invention étrangère; ils avaient appris, par l'expérience, à en prévenir les effets, à réparer les brèches, et à élever des contre-travaux.

Les chrétiens, accoutumés, dans les derniers temps, aux conquêtes rapides des forteresses maures, s'impatientaient de la lenteur du siége. Beaucoup redoutaient le manque d'approvisionnements nécessaires à la subsistance d'une si nombreuse armée, au cœur d'un pays ennemi, ou il fallait transporter les munitions à travers des montagnes escarpées et exposées aux attaques, ou bien se soumettre aux irrégularités des arrivages par mer. D'autres s'alarmaient à l'idée que la peste pût éclater dans les villages voisins, et enfin pour quelques-uns ces appréhensions devinrent si vives, qu'ils parlaient d'abandonner le camp et de retourner chez eux.

Les mauvais sujets et les coureurs d'aventures qui infectent les grandes armées, en entendant ces murmures, pensèrent que le siége serait bientôt levé, et passèrent à l'ennemi, espérant ainsi faire leur fortune. Ils firent des récits exagérés sur les inquiétudes et le mécontentement de l'armée, et représentèrent les troupes comme désertant tous les jours par bandes pour s'en retourner chez eux. Par dessus tout, ils déclarèrent que la poudre à canon était épuisée, et que l'artillerie ne pourrait bientôt plus servir. Ils garantirent, en conséquence, aux Maures que s'ils persistaient un peu de temps dans leur résistance, le roi serait obligé d'emmener son armée et de renoncer au siége.

Les rapports de ces rénégats ranimèrent le courage de la garnison, qui fit de vigoureuses sorties contre le camp, le harassant nuit et jour, et contraignant les chrétiens à montrer sur tous les points la plus laborieuse vigilance. Les Maures fortifièrent les parties faibles de leur murailles avec des fossés et des palissades et donnèrent les témoignages d'un esprit déterminé et entreprenant.

Ferdinand fut bientôt informé des rapports qui avaient été faits aux Maures. Il apprit entre autres que l'ennemi avait été avisé que la reine était tellement inquiète pour la sûreté du camp, qu'elle avait écrit à plusieurs reprises au roi en le suppliant d'abandonner le siége. Le meilleur moyen de prouver la fausseté de ces dires, et de détruire le vain espoir de l'ennemi, parut être à Ferdinand d'écrire à la reine, en l'engageant à venir le rejoindre.

CHAPITRE LV

Grand fut l'enthousiasme de l'armée, quand elle vit sa patriotique reine venir partager les fatigues et les dangers de son peuple.

Isabelle arriva au camp, entourée des dignitaires et de toute sa cour, afin de prouver par là qu'il ne s'agisssait pas de sa part d'une visite pàssagère. A ses côtés se trouvaient sa fille, l'infante Isabelle, et le grand cardinal d'Espagne. Fernando de Talavera, prieur de Praxo, confesseur de la reine, suivait, avec une escorte considérable de prélats, de courtisans, de chevaliers et de dames de distinction. Le cortége traversa le camp avec dignité et dans l'ordre des cérémonies; le spectacle de l'attirail de guerre fut adouci par le rayonnement de ces grâces de la cour et de la beauté des femmes.

Isabelle avait ordonné qu'à son arrivée au camp les horreurs de la guerre fussent suspendues et que l'on fît de nouvelles propositions de paix à l'ennemi. A son arrivée donc, on cessa le feu sur toute la ligne de bataille. Un message fut en même temps expédié aux assiégés, les informant de sa présence dans le camp, et de la détermination prise par les souverains d'y résider jusqu'à ce que la ville fût enlevée. Les mêmes conditions furent offertes, au cas d'une capitulation immédiate, que celles qui avaient été garanties à Vélez-Malaga, mais en menaçant les habitants de la captivité et de l'épée, s'ils persistaient dans leur défense.

Hamet el Zegri reçut le porteur de ce message avec un orgueilleux mépris et sans daigner y répondre.

— Les souverains chrétiens, dit-il, ont fait ces propositions, poussés par le désespoir. Le silence de leurs canons prouve la vérité des rapports qu'on nous a faits sur l'épuisement de leurs munitions; ils n'auront plus le moyen de démolir nos murs; et s'ils restent plus longtemps, les pluies d'automne intercepteront leurs convois, et la famine et la maladie tomberont sur leur camp; le premier orage dispersera leur flotte, qui n'a aucun port voisin pour se réparer. L'Afrique alors nous sera ouverte et nous y puiserons des renforts et des approvisionnements.

Ces paroles d'Hamet el Zegri furent accueillies comme paroles d'oracle par ses partisans. Plusieurs des pacifiques habitants de la ville lui firent des observations et le supplièrent d'accepter les conditions bienveillantes qui lui étaient faites. L'inflexible Hamet les réduisit au silence en les terrifiant par son regard. Il déclara que quiconque parlerait de capituler, ou entretiendrait des intelligences avec les chrétiens, serait mis à mort. Ses féroces Gomères, en véritables gens de sabre, exécutèrent les menaces de leurs chefs comme une loi écrite, et ayant surpris plusieurs des habitants en secrète correspondance avec l'ennemi, les massacrèrent et pillèrent leurs biens. Une terreur telle se répandit parmi les citoyens de Malaga, que ceux qui avaient murmuré le plus haut devinrent soudainement muets, et on remarqua qu'ils montraient le plus d'ardeur et de promptitude au service de la défense de la ville.

Quand le messager revint au camp, et rapporta le méprisant accueil fait à un envoyé royal, le roi Ferdinand fut indigné à l'excès. Pensant que la suspension du feu, à l'arrivée de la reine, avait encouragé, chez l'ennemi, la croyance qu'il y avait disette de poudre dans le camp, il ordonna une décharge générale de l'artillerie. Cette soudaine manifestation partant de tous les côtés à la fois, convainquit les Maures de leur erreur, et acheva de jeter le trouble parmi les habitants ne sachant plus qui ils devaient le plus craindre, les assaillants ou les défenseurs, les chrétiens ou les Gomères.

Ce soir-là, les souverains visitèrent le poste du marquis de Cadix qui dominait toute la ville et le camp. La tente du marquis était d'une grande magnificence, toute garnie de brocard et de drap français du plus rare tissu. Elle était en style oriental; elle couvrait les hauteurs, et faisait, ainsi que les tentes des autres chevaliers toutes somptueusement disposées, un charmant contraste avec les tours de Gibralfaro, qui se trouvaient en face. Un splendide repas fut servi aux souverains; l'appareil de cour qui distinguait ce campement tout chevaleresque, l'éclat du cortége, les sons d'une musique de fête, faisaient ressortir davantage encore le morne silence qui régnait sur le sombre château maure.

Le marquis de Cadix, pendant qu'il faisait encore jour, conduisit les hôtes royaux à tous les points d'où l'on avait vue sur le spectacle militaire d'en bas. Il ordonna une décharge des grandes lombardes, afin que la reine et les dames de la cour fussent témoins des effets de ces terribles engins. Les belles dames furent saisies d'épouvante et d'admiration, lorsque la montagne trembla sous leurs pieds au tonnerre de l'artillerie, et elles virent de larges pans des murailles maures rouler au bas des rochers et des précipices.

Pendant que le marquis faisait voir toutes ces choses à ses hôtes royaux, il leva les yeux, et à son grand étonnement, aperçut sa propre bannière flottant au dessus de la tour la plus rapprochée de Gibralfaro. Le sang couvrit ses joues; c'était une bannière qu'il avait perdue lors du mémorable massacre dans les montagnes de Malaga. Pour rendre l'insulte plus évidente encore, quelques-uns des Gomères se montrèrent sur les remparts, couverts des casques et des cuirasses des chevaliers tués ou faits prisonniers en cette affaire (1). Le marquis contint son indignation et montra du calme; mais plusieurs chevaliers exprimèrent énergiquement leur désir de se venger de cette cruelle bravade de la féroce garnison de Gibralfaro.

(1) Diego de Valera, *Cronica*, M. S.

CHAPITRE LVI

Le marquis de Cadix n'était pas chevalier à oublier facilement une injure ou une insulte. Le lendemain du royal
banquet, dès le matin, ses batteries ouvrirent un feu terrible sur Gibralfaro. Tout le jour le poste fut enveloppé de co-
lonne de fumée; l'attaque ne cessa pas avec le jour, car pendant toute la nuit, les lombardes lancèrent leurs éclairs et
leur tonnerre, et le lendemain l'attaque au lieu de diminuer
avait plutôt augmenté de fureur. Les remparts maures
n'étaient pas à l'épreuve de ces formidables engins. En quelques jours, la haute tour, au dessus de laquelle l'insultante
bannière avait été déployée, fut démantelée; une tour du
voisinage, plus petite, fut réduite en ruines, et une large
brèche avait été ouverte dans la muraille intermédiaire.

Plusieurs des chevaliers, la tête en feu, voulaient à toute
force entrer par la brèche, l'épée à la main; d'autres plus
froids et plus prudents, combattaient l'inopportunité d'une
telle tentative, car les Maures travaillant avec une ardeur infati-

gable pendant la nuit, avaient ouvert de larges fossés devant la brèche, et les avaient fortifiés de palissades et d'un haut parapet. Tous, cependant, convenaient que l'on pouvait approcher avec sécurité des murailles démantelées, et que l'on était en mesure de répondre à l'insolent défi de l'ennemi.

Le marquis de Cadix comprenait la témérité d'une telle entreprise ; mais il ne voulait pas contrarier le zèle de ces enthousiastes chevaliers ; et ayant désiré le poste du danger dans le camp, il ne lui appartenait pas de décliner aucune entreprise, précisément parce qu'elle pouvait paraître dangereuse. Il dirigea donc ses avant-postes sur la brèche, mais recommanda à ses soldats de se montrer extrêmement vigilants.

Le tonnerre des batteries avait cessé ; les troupes écrasées par les fatigues et les veilles de deux nuits, et ne craignant aucun danger du côté des murs démantelés, étaient alors à moitié endormies ; le reste se tenait dans une parfaite sécurité. Tout à coup, plus de deux mille Maures sortirent de la citadelle, conduits par Abraham Zenete, le principal capitaine, sous les ordres d'Hamet. Ils se jetèrent avec un choc terrible sur les avant-postes, surprirent un grand nombre d'entre eux dans leur sommeil, et mirent le reste en fuite. Le marquis était sous sa tente, à deux portées d'arbalète environ, quand il entendit le tumulte de l'attaque, et vit ses soldats fuyant en désordre. Il s'élança suivi de ses porte-étendards.

— Retournez, cavaliers ! cria-t-il : retournez ! Je suis-là, moi Ponce de Leon ! A l'ennemi ! à l'ennemi !

Les fuyards s'arrêtèrent en entendant cette voix, se rallièrent autour de l'étendard, et retournèrent à l'ennemi. Le camp était, en ce moment, tout entier sur pied ; des cavaliers étaient accourus des postes voisins pour prendre part à l'action, avec bon nombre de Galiciens et de soldats de la Sainte Fraternité. Un rude et sanglant combat s'engagea, sur le revers de la montagne, sur les rochers, sur le rebord des précipices. Maures et chrétiens combattaient corps à corps, avec la dague et l'épée, et souvent se tenant l'un à l'autre roulaient ensemble au fond des abîmes.

L'étendard du marquis fut en danger d'être pris. Il courut en hâte à son secours, suivi de quelques-uns de ses braves chevaliers. Ils furent entourés par l'ennemi et plusieurs d'entre eux taillés en pièces. Don Diego Ponce de Léon, frère du marquis, fut blessé d'une flèche, et son beau-frère Luis Ponce, fut également blessé; ils parvinrent, cependant, à sauver l'étendard, et à le ramener sain et sauf. Le combat dura une heure : la montagne était couverte de blessés et de morts; et le sang coulait à flots le long des rochers. Enfin, Abraham Zenete ayant été renversé d'un coup de lance, les Maures lâchèrent pied et battirent en retraite sur la citadelle.

Ils ouvrirent alors un feu énergique de leurs remparts et de leurs tours, et s'approchèrent si près des brèches, qu'ils déchargeaient leurs arbalètes et leurs arquebuses sur les postes avancés. Le marquis était seul en reconnaissance; les projectiles tombaient autour de lui; un d'eux traversa son bouclier et atteignit sa cuirasse, mais sans lui faire aucun mal. Chacun sentit alors combien il était dangereux et inutile de se porter si près du château, et ceux qui l'avaient conseillé regardaient comme urgent de rétrograder. On reporta le camp sur son terrain primitif, d'où le marquis ne l'avait déplacé qu'à contre-cœur. Son courage et des secours opportuns avaient seuls empêché cette attaque de finir en une déroute complète pour toute cette partie de l'armée.

Plus d'un cavalier de distinction succomba dans cette lutte ; mais nulle mort ne fut plus profondément sentie que celle d'Ortega de Prado, capitaine des escaladeurs. C'était un des plus braves officiers de l'armée, le même qui avait remporté le premier succès dans la guerre, à l'assaut d'Alhama, où le premier il avait planté et franchi les échelles d'escalade. Il avait toujours joui de la faveur et de la confiance du noble Ponce de Léon, qui savait apprécier et utiliser les mérites de tout homme d'intelligence et de courage (1).

(1) Zurita, Mariana, Abarca,

CHAPITRE LVII

Les préparatifs furent, dès lors, très grands du côté dés assiégeants et du côté des assiégés, pour pousser au dénoû-ment avec le plus de vigueur possible. Hamet el Zegri visita les murailles et les tours, doublant les postes et mettant tout sur le meilleur pied de défense. La garnison fut divisée en détachements de cent hommes, commandés chacun par un capitaine. Quelques-uns étaient destinés à faire des patrouilles ; d'autres à faire des sorties et à escarmoucher contre l'ennemi, et certains autres à former une réserve armée et toujours prête. Six *albatozas* ou batteries flottantes furent aménagées et armées avec des pièces d'artillerie pour attaquer la flotte.

D'un autre côté, les souverains castillans tinrent ouvertes des communications, par mer, avec diverses parties de l'Es-pagne dont ils recevaient des provisions de toutes sortes. Ils firent également venir des approvisionnements de poudre, de Valence, de Barcelone, de la Sicile et du Portugal. Ils firent de grands préparatifs pour attaquer la ville. Des tours de

bois roulantes furent construites, capables de contenir chacune cent hommes. Elles furent pourvues d'échelles qui
pouvaient tomber de leurs sommets sur le haut des murailles,
et outre celles-ci, d'autres échelles pour la descente des
troupes dans la ville. Il y avait aussi dans ces tours des
gallipagos ou tortues, c'est à dire de grands boucliers de
bois, recouverts de cachettes pour abriter les assaillants, et
ceux qui mineraient les murailles.

Des mines secrètes furent commencées sur divers points.
Plusieurs étaient destinées à rejoindre les fondations des
murailles que l'on devait remplir de bois tout prêt à recevoir le feu; d'autres devaient passer sous les murs et au
moment de leur ouverture donner entrée aux assiégeants.
L'armée travailla nuit et jour à ces mines; et pendant ce
temps l'artillerie entretenait un feu vigoureux sur la ville
afin de détourner l'attention des assiégés.

Hamet el Zegri déployait en même temps une étonnante
vigueur et un grand talent à défendre la ville, à réparer
ou à fortifier par des fossés profonds, les brèches faites par
l'ennemi. Il avait, en outre, relevé les endroits où le camp
pouvait être attaqué avec avantage, et il ne donnait aucun
repos à l'armée ennemie, ni jour ni nuit. Ses batteries flottantes devaient attaquer les assiégeants sur mer en même
temps que ses troupes feraient de fréquentes sorties à terre,
en sorte que c'étaient des escarmouches continuelles. Les
tentes appelées *hôpital de la reine*, regorgeaient de blessés,
et toute l'armée était harassée de fatigues et de veilles.

Pour se garantir des attaques soudaines des Maures, les
tranchées furent creusées plus profondément, et des palissades élevées devant le camp; et dans la partie regardant
Gibralfaro, où le sol rocheux ne comportait pas un tel système

de défenses, on éleva un haut rempart de terre. Les cavaliers Garcilasso de la Vega, Juan de Zuniga et Diego de Atayde furent désignés pour faire des rondes et veiller à ce que ces fortifications fussent maintenues en bon état.

Il ne fallut pas longtemps à Hamet pour découvrir les mines secrètement commencées par les chrétiens. Il ordonna aussitôt de commencer des contre-mines. Les soldats travaillaient chacun de leur côté jusqu'à ce qu'ils se rencontrassent, et alors ils se livraient combat corps à corps dans ces passages souterrains. Les chrétiens furent expulsés d'une de leurs mines; le feu fut mis aux bûchers de bois, et la mine détruite. Encouragés par ce succès, les Maures tentèrent une attaque générale sur les mines et sur la flotte assiégeante en même temps. La bataille dura six heures sur terre et sur mer, sur et sous terre, sur les remparts, dans les tranchées et dans les mines. Les Maures déployèrent une intrépidité extraordinaire, mais finalement furent repoussés sur tous les points et obligés de se retirer dans la ville, où ils furent enfermés et cernés, sans pouvoir plus recevoir aucun secours du dehors.

Les horreurs de la famine s'ajoutèrent alors aux autres misères de Malaga. Hamet el Zegri, avec l'esprit d'un homme élevé à la guerre, considérait que tout devait être soumis, d'abord, aux besoins du soldat; il ordonna en conséquence que tout le grain qui se trouvait dans la ville serait affecté au seul usage de ceux qui combattaient. La distribution s'en fit même avec modération, et chaque soldat reçut par jour quatre onces de pain le matin et deux le soir.

Les riches habitants et ceux qui inclinaient à la paix se désolaient d'une résistance qui apportait la destruction dans leurs maisons, la mort dans leurs familles et qu'ils savaient devoir se terminer par la ruine et la captivité. Cependant aucun d'eux n'osait parler ouvertement de capitulation, ou même exprimer leur chagrin, sous peine d'éveiller la colère de leurs féroces défenseurs. Ils se réunirent autour de leur héros civique, Ali Dordux, l'important et riche marchand qui avait endossé le bouclier et la cuirasse, et avait marché la lance à la main à la défense de sa ville natale; à la tête d'un corps considérable de braves citoyens, il était chargé de la garde d'une des portes et d'une partie considérable des murailles. Certains habitants donc prirent Ali Dordux à part et lui confièrent leurs peines.

— Pourquoi souffrir, dirent-ils, que notre cité natale devienne le refuge et le théâtre de combats de barbares étrangers et de gens désespérés? Ils n'ont souci d'aucune famille, aucune propriété à perdre, aucun lien ne les tient au sol, ils n'attachent aucun prix à leur existence. Ils se battent pour satisfaire leur soif du sang, ou par désir de la vengeance, et se battront jusqu'à ce que Malaga devienne un monceau de ruines et que ses enfants soient traînés en esclavage. Pensons et agissons pour nous-mêmes, pour nos femmes, pour nos enfants. Faisons des conditions particulières avec les chrétiens, avant qu'il soit trop tard, et épargnons-nous de la sorte la destruction.

Les entrailles d'Ali Dordux s'émurent à l'endroit de ses concitoyens. Il se sentait bien du doux parti de la paix, et des triomphes non sanguinaires et tout aussi lucratifs du commerce. L'idée d'une secrète négociation ou d'un marché avec les souverains chrétiens pour la rédemption de sa ville natale, concordait plus avec ses habitudes que ce violent appel aux armes; car bien qu'il eût pour un moment, endossé la peau d'un soldat, il n'avait point oublié qu'il était marchand. Ali Dordux en conféra donc avec les citoyens armés qui étaient sous ses ordres, et ils se rangèrent immédiatement à son opinion. Ils rédigèrent, de concert, une proposition adressée aux souverains castillans, leur offrant d'introduire l'armée par la partie de ville qui était confiée à leur garde, en recevant la garantie pour la vie et pour les propriétés des habitants. Ils confièrent ce message à un émissaire sûr, qu'ils envoyèrent au camp chrétien, en lui marquant l'heure et le lieu de son retour, de manière à le faire rentrer dans la ville sans qu'il fût découvert.

Le Maure arriva sain et sauf au camp, il fut admis en présence des souverains. Désireux de s'emparer de la ville sans répandre plus de sang et d'argent, ils remirent au messager, qui s'en retourna tout joyeux, la promesse écrite d'accepter les propositions offertes. Comme le Maure approchait des murs où Ali Dordux et ses complices l'attendaient, il fut arrêté par une patrouille de Gomères, et pris pour un espion venant du camp des assiégeants. Ils sortirent et s'emparèrent de lui, à la vue même de ceux qui l'avaient employé et qui se considerèrent comme perdus. Pendant que les Gomères le conduisaient près de la porte principale, il s'échappa de leurs mains et prit la fuite. Ils tachèrent de le reprendre, mais ils étaient chargés de leur lourde armure, tandis que lui était légèrement habillé, et il courait à toutes jambes pour sauver sa vie. Un des Gomères s'arrêta, leva son arbalète et lança une flèche qui perça le fugitif entre les deux épaules ; il tomba, et il était sur le point d'être pris, quand se relevant par un suprême effort, il parvint à se réfugier dans le camp des chrétiens. Les Gomères arrêtèrent leur poursuite, et les citoyens de la garde rendirent grâce à Allah d'avoir été sauvés de ce péril. Quant au fidèle messager, il succomba à sa blessure peu d'instant après avoir gagné le camp, consolé par cette pensée qu'il avait sauvé le secret et la vie de ses patrons.

CHAPITRE LVIII

MISÈRES DU PEUPLE DE MALAGA.

Les souffrances de Malaga répandirent la douleur et l'inquiétude parmi les Maures, et ils craignaient que cette belle cité, jadis le boulevard du royaume, ne tombât entre les mains des infidèles. Le vieux roi Abdallah El Zagal était encore à Guadix, où il réunissait lentement ses forces dispersées. Quand le peuple de Guadix apprit le danger et la détresse de Malaga, il manifesta le désir de voler à son secours ; les alfaquis avertirent El Zagal qu'il ne devait pas abandonner une si loyale et si fidèle cité aux extrémités. La nature belliqueuse du roi lui inspira des sentiments de sympathie pour une place qui faisait une si brillante résistance ; il expédia donc un détachement aussi puissant qu'il pût le réunir, sous la conduite d'un capitaine d'élite, avec ordre de s'introduire dans la ville.

La nouvelle de cette expédition arriva aux oreilles de Boabdil el Chico, dans son royal palais de l'Alhambra. Plein de haine contre son oncle, et heureux de prouver sa fidélité aux souverains castillans, il envoya des forces supérieures en cavalerie et en infanterie pour barrer le passage à ce détachement. Une chaude rencontre eut lieu ; les troupes d'El Zagal furent mises en déroute et s'enfuirent en désordre à Guadix.

Boabdil peu habitué au succès, se sentit tout orgueilleux de cette triste victoire. Il en envoya la nouvelle aux souverains castillans, en remettant à ses messagers comme cadeaux destinés à la reine, de riches étoffes de soie, des boîtes de parfums d'Arabie, une coupe en or richement travaillée, et une femme captive de Rebeda ; et pour le roi quatre coursiers arabes, magnifiquement harnachés, une épée et une dague richement montées, et un grand nombre de burnous et autres vêtements somptueusement brodés. Il priait en même temps les souverains de lui garder toujours leur faveur comme à un dévoué vassal.

Boabdil était destiné à être malheureux, même dans ses succès. La défaite des troupes de son oncle, destinées à secourir la malheureuse ville de la Malaga, blessa les sentiments et refroidit la loyauté d'un grand nombre de ses partisans les plus attachés. Les gens de négoce pouvaient se féliciter de cette trêve dorée de paix pour Grenade ; mais les hommes à l'esprit chevaleresque déploraient une sécurité achetée au prix de tels sacrifices pour leur orgueil. Le peuple, en masse, qui se complaisait dans son amour du changement, commençait à se demander s'il s'était conduit généreusement avec son vieux roi guerrier.

« El Zagal, disait-on, était féroce et sanguinaire, mais au moins était-il dévoué à son pays : c'était un usurpateur, soit, mais au moins maintenait-il la gloire de cette couronne usurpée. Si le sceptre entre ses mains était une verge de fer pour ses sujets, c'était une épée d'acier contre ses ennemis. Ce Boabdil sacrifie religion, amis, pays, tout à une ombre de royauté, et se contente d'un roseau pour sceptre. »

Ces murmures factieux arrivèrent bientôt aux oreilles de Boabdil, et il redouta quelque autre de ses revers habituels. Il fit en toute hâte demander aux souverains chrétiens des secours militaires pour le maintenir sur son trône. Ferdinand se rendit gracieusement à une requête qui s'accordait si bien avec sa politique. Un détachement de mille hommes de cavalerie et deux mille hommes d'infanterie lui fut envoyé sous le commandement de Gonzalve de Cordoue, devenu plus tard si illustre comme grand capitaine. Avec ce secours, Boabdil expulsa de la ville tous ceux qui lui étaient hostiles, et disposés en faveur de son oncle. Il montra la plus grande confiance en ces troupes, en ce qu'elles différaient de mœurs, de langage et de religion avec ses sujets, et composa avec son orgueil, en donnant ainsi le spectacle le plus antinaturel et le plus humiliant de tous, d'un monarque maintenu sur son trône par des armes étrangères, et par des troupes antipathiques à son peuple.

Boabdil el Chico n'était pas le seul roi de race maure qui recherchât la protection de Ferdinand et d'Isabelle. Une splendide galère aux voiles latines, à plusieurs bancs de rameurs, entra un jour dans le port de Malaga, déployant l'étendard du Croissant, et en même temps un pavillon blanc en signe d'amitié. Un ambassadeur en descendit au milieu des lignes chrétiennes. Il venait de la part du roi de Tremezan, et apportait des présents semblables à ceux de Boabdil, consistant en coursiers arabes, avec mors, étriers et autres harnais en or, ainsi que de riches couvertures mauresques; pour la reine c'étaient des châles, des robes et des

étoffes de soie, des ornements en or, et des parfums orientaux exquis.

Le roi de Tremezan avait pris l'alarme des rapides
conquêtes de l'Espagne, et était effrayé de la descente de
plusieurs croiseurs espagnols sur la côte d'Afrique. Il
demandait à être considéré comme vassal des souverains
Castillans et sollicitait d'eux qu'ils étendissent leur faveur
et leur protection sur ses vaisseaux et sur ses sujets au même
titre qu'ils les avaient accordées aux autres Maures qui
s'étaient soumis à eux. Il demandait un écusson de leurs
armes, que lui et ses sujets reconnaîtraient et respecteraient
comme leur propre étendard partout où ils le rencontreraient.
En même temps il sollicitait la clémence des souverains en
faveur de la malheureuse Malaga, et à ce que les habitants
en fussent traités avec la même bienveillance qu'il avait
montrée aux Maures des autres villes prises.

Cet ambassadeur fut gracieusement accueilli par les souverains castillans. Ils promirent la protection demandée; et
donnèrent à leurs officiers l'ordre de respecter le pavillon de
Tremezan, à moins qu'on ne le surprît prêtant assistance à
l'ennemi. Ils envoyèrent au monarque de Barbarie leurs
armes, moulées sur un écusson d'or de la largeur et de la
grandeur d'une main (1).

Pendant que les chances de secours diminuaient ainsi de
jour en jour, la famine ravageait la ville. Les habitants
étaient obligés de manger de la viande de cheval, et un
grand nombre d'entre eux mourut. Ce qui rendait leurs misères plus intolérables encore, c'était de voir la mer couverte de vaisseaux arrivant quotidiennement chargés d'ap-

---

(4) Cura de los Palacios, ch. LXXXIV. Pulgar, part. III, ch. LXXXVI.

provisionnements pour les assiégeants. Chaque jour aussi, ils voyaient des troupeaux de bœufs et de moutons conduits au camp. Le blé et la farine étaient moulus au milieu des postes, en plein soleil, supplice de Tantale pour ces malheureux naufragés qui, pendant qu'eux et leurs enfants mouraient de faim, voyaient l'abondance et la prodigalité régner à une portée de flèche de leurs murs.

CHAPITRE LIX

COMMENT UN SANTON MAURE ENTREPRIT DE DÉLIVRER LA VILLE
DE MALAGA DE LA PUISSANCE DE SES ENNEMIS.

A cette époque, vivait en un hameau, dans le voisinage
de Guadix, un vieux maure nommé Abraham Algerbi. Il était
né à Guerba, dans le royaume de Tunis, et avait, pendant
de longues années, mené la vie de santon ou d'ermite. Le
chaud soleil d'Afrique avait brûlé son sang et lui avait
donné un caractère exalté, mais mélancolique. Il passait
presque tout son temps en méditation, en prière, et dans une
rigoureuse abstinence, à ce point que son corps était exté-
nué, son esprit abruti; il s'imagina alors, être favorisé du
don des révélations divines. Les Maures, qui professaient un
grand respect pour les enthousiasmes de toutes les sortes, le
considéraient comme un inspiré, écoutaient toutes ses diva-
gations commes de véritables prophéties, et l'avaient surnommé *el Santo*, le Saint.

Les souffrances du royaume de Grenade avaient depuis
longtemps troublé l'esprit de cet homme; il avait vu avec

indignation ce beau pays arraché à la domination des croyants et devenir la proie des infidèles. Il avait appelé la bénédiction d'Allah sur les troupes qui étaient sorties de Guadix pour aller au secours de Malaga ; mais en les voyant revenir battues et dispersées par leurs propres compatriotes, il se retira dans sa cellule, se séquestra du monde et pendant quelque temps demeura plongé dans les plus sombres méditations.

Tout à coup il reparut dans les rues de Guadix, le visage égaré, le corps macéré, mais les yeux pleins de flammes. Il dit qu'Allah lui avait envoyé, dans la solitude de sa cellule, un ange qui lui avait révélé le moyen d'arracher Malaga à ses dangers, et de jeter la terreur et la confusion dans le camp des infidèles. Les Maures écoutèrent avec une ardente crédulité ses paroles ; quatre cents d'entre eux s'offrirent à le suivre jusqu'à la mort et à obéir à tous ses ordres. De ce nombre étaient plusieurs Gomères, très soucieux de venir au secours de leurs compatriotes qui formaient une partie de la garnison de Malaga.

Ils traversèrent le royaume en passant par les défilés sauvages et solitaires de la montagne, se cachant pendant le jour et ne vaguant que la nuit pour éviter les éclaireurs chrétiens. Ils gagnèrent enfin les montagnes qui dominent Malaga, et, regardant au dessous d'eux, ils virent la ville complétement investie, une chaîne de postes s'étendant autour d'elle, d'un rivage à l'autre, et une ligne de vaisseaux qui la bloquaient par mer, pendant que le canon qui tonnait incessamment et la fumée qui s'élevait de toutes parts, leur prouvaient que le siége était poussé avec la plus grande vigueur. L'ermite examina les postes avec un extrême soin du haut de cette éminence. Il vit que la partie du camp du marquis touchant le pied de la montagne, et sur le bord de la mer, était le plus facile à attaquer, le sol rocheux ne permettant pas d'y établir ni fossés, ni palissades. Restant caché pendant toute la journée, il descendit avec ses compagnons, le soir, sur le bord de la mer, et s'approcha silencieusement des travaux avancés. Il avait donné des instructions secrètes à ses compagnons; ils devaient se jeter soudainement sur le camp, le traverser et gagner ainsi la ville.

C'était précisément à la tombée du jour, à l'heure où les objets sont dans un clair-obscur, qu'ils firent cette tentative désespérée. Les uns se ruèrent sur les sentinelles, d'autres se jetèrent à la mer et contournèrent les travaux ; d'autres franchirent les parapets. L'escarmouche fut chaude ; une grande partie des Maures fut taillée en pièces, mais deux cents environ d'entre eux parvinrent à gagner les portes de Malaga.

Le Santon ne prit aucune part à l'action et ne tenta même pas d'entrer dans la ville. Ses plans étaient de diverses natures. Se tenant à l'écart du lieu du combat, à genoux sur un terrain élevé, les bras tournés vers le ciel, il paraissait absorbé dans sa prière. Les chrétiens en cherchant les fuyards dans les cachettes des rochers, le trouvèrent accomplissant ses dévotions. Il ne se dérangea pas à leur approche, et resta immobile comme une statue, sans changer de couleur, sans qu'un seul de ses muscles s'agitât. Frappés d'une surprise un peu mêlée de terreur, ils l'arrêtèrent et le menèrent au marquis de Cadix. Il était drapé dans un grossier burnous ou manteau maure; sa barbe était longue et inculte; il y avait dans son aspect quelque chose de sauvage et de mélancolique qui excitait la curiosité.

Interrogé, il se donna comme un saint à qui Allah avait

révélé les événements qui devaient s'accomplir dans ce siége. Le marquis lui demanda quand et comment Malaga devait être prise. Il répondit qu'il le savait parfaitement; mais qu'il lui était interdit de révéler ce secret à tout autre que le roi et la reine. Le marquis n'était pas plus superstitieux que les autres chefs de cette époque; mais il y avait quelque chose de singulier et de mystérieux dans cet homme; il pourait avoir quelque nouvelle importante à communiquer; le marquis se laissa donc persuader de l'envoyer au roi et à la reine. Le santon fut conduit à la tente royale au milieu d'une foule curieuse qui crait : « el Moro santo! » car la nouvelle s'était promptement répandue dans le camp, que l'on avait arrêté un prophète maure.

Le roi, après son dîner faisait la sieste, dans sa tente, et la reine, quoique désireuse de voir cet être singulier, par délicatesse et réserve, ajourna l'entrevue jusqu'au moment où le roi pourrait y assister. Il fut conduit en attendant dans une tente voisine où se trouvaient dona Beatrice de Bobadilla, marquise de Moya, et don Alvaro de Portugal, fils du duc de Brabance, avec deux ou trois personnes de sa suite. Le Maure qui ignorait la langue espagnole, n'avait rien compris à la conversation des gardes, et supposa, à la magnificence de l'ameublement et aux tentures de soie, que ce devait être la tente royale. Au respect que leur prodiguait leur entourage, il conclut que don Alvaro et la marquise étaient le roi et la reine.

Il demanda alors une coupe d'eau à boire. On lui apporta une cruche et le guide dégagea son bras pour l'aider à boire. La marquise s'aperçut d'un soudain changement dans son attitude, et de quelque chose de sinistre dans l'expression de son regard; elle quitta sa place et se retira au fond de la tente. Sous prétexte de porter la cruche à ses lèvres, le Maure écarta son burnous et saisit un cimeterre qui était caché dessous ; puis rejetant la cruche, il tira son arme et porta à don Alvaro un coup à la tête, qui le renversa sur le sol et presque sans vie. Se tournant alors contre la marquise, il voulut lui porter également un violent coup, mais dans son agitation, le cimeterre s'accrocha à la draperie de la tente ; la force en fut amortie, et l'arme porta, sans produire aucun mal, sur les ornements en or de la coiffure de la marquise (1).

Ruy Lopez de Tolède, trésorier de la reine et Juan de Belalcasa, un vigoureux moine qui se trouvaient là, se jetèrent sur ce malheureux et se saisirent de lui ; aussitôt les gardes qui l'avaient accompagné de chez le marquis de Cadix se ruèrent sur lui et le mirent en morceaux (2).

Le roi et la reine sortirent de leurs tentes appelés par le bruit, et furent saisis d'horreur, en apprenant l'éminent péril auquel ils avaient échappé. Le corps en lambeau du Maure fut ramassé par les soldats du camp et jeté dans la ville du haut d'un catapulte. Les Gomères recueillirent ce corps avec grand respect, comme les restes d'un saint ; ils le lavèrent, le couvrirent de parfums et l'enterrèrent avec toutes sortes d'honneurs et de lamentations. Pour venger cette mort, ils immolèrent un des principaux prisonniers chrétiens, et après avoir attaché son corps sur un âne ; il lâchèrent l'animal dans le camp.

Depuis ce moment, on mit une double garde autour des tentes du roi et de la reine, composée de douze cents cheva-

(1) Pietro Martyr, cap. LXII.
(2) Cura de los Palacios.

liers de distinction des royaumes de Castille et d'Aragon. Personne n'était admis armé en la présence des souverains. On ne laissait pénétrer aucun Maure sans que l'on fût bien éclairé à l'avance sur son caractère et sur l'affaire qui l'amenait; et sous aucun prétexte, on n'introduisit plus de Maure auprès du roi et de la reine.

Un acte de trahison d'une nature aussi atroce éveillèrent de sombres appréhensions. Il y avait aux environs du camp quantités de cabanes et d'abris, construits avec des branches d'arbres desséchées et devenues combustibles; on craignait que les Mudixarès ou vassaux maures qui visitaient l'armée n'y missent le feu. D'autres redoutaient qu'on n'empoisonnât les sources et fontaines. Pour calmer toutes ces sinistres alarmes, on ordonna aux Mudixarès de quitter le camp; et tous les désœuvrés qui ne purent fournir de bons renseignements devinrent l'objet d'une active surveillance.

CHAPITRE LX

COMMENT HAMET EL ZEGRI FUT ENTRETENU DANS SON OBSTINATION PAR
LES ARTIFICES D'UN ASTROLOGUE MAURE.

Au nombre des compagnons du Santon qui avaient pu
pénétrer dans la ville, se trouvait un noir africain de la tribu
des Gomères, une sorte d'ermite ou de derviche, et qui
passait parmi les Maures pour un saint homme et un
inspiré. A peine les restes de son prédécesseur furent-ils inhumés avec tous les honneurs dus à un martyr, que le derviche s'éleva à sa place, et annonça qu'il était doué de l'esprit de prophétie. Il déploya une bannière blanche qu'il
assura être sacrée ; disant qu'il la gardait depuis vingt ans
pour une occasion solennelle ; et qu'Allah lui avait révélé
que sous cette bannière, les habitants de Malaga envahiraient
le camp des infidèles, les mettraient en déroute et se régaleraient des approvisionnements qui y abondaient (1). Les
Maures crédules et affamés s'enflammèrent à ces prédications

_____

(1) Cura de los Palacios.

et demandèrent à marcher tout de suite à l'attaque; mais le derviche leur dit que le jour n'était pas encore venu, car chaque événement a son jour marqué dans les décrets du sort, et qu'ils devaient attendre patiemment, jusqu'à ce que l'heure fixée lui fût révélée par le ciel. Hamet el Zegri écoutait le derviche avec beaucoup de déférence, et son exemple avait pour effet d'augmenter les craintes et le respect des gens de sa suite. Il emmena le saint homme dans sa forteresse de Gibralfaro, le consultait en toutes occasions, et suspendit sa bannière blanche sur la plus haute tour, comme un signe d'encouragement pour le peuple de la ville.

Pendant ce temps, toute la haute chevalerie d'Espagne s'assemblait peu à peu devant les murs de Malaga. L'armée qui avait commencé le siége avait été écrasée de fatigue, ayant eu à construire d'immenses travaux, à creuser des tranchées et des mines, à monter la garde sur terre et sur mer, à faire des patrouilles dans les montagnes et à soutenir d'incessants combats. Les souverains avaient donc été obligés d'en appeler aux villes éloignées pour fournir des renforts en cavalerie et infanterie. Un grand nombre de nobles réunirent aussi leurs vassaux et se rendirent de leur propre mouvement au camp royal.

A tout instant, quelque belle galère ou caravelle mouillait dans le port, déployant la bannière bien connue de quelque cavalier espagnol, et envoyant avec son artillerie un salut aux souverains et un avertissement aux Maures. Du côté de terre également on voyait des renforts descendant du haut des montagnes, au son du tambour et des trompettes, et se dirigeant vers le camp avec leurs armes étincelantes et non encore souillées par le tumulte de la guerre.

Un matin, tout l'horizon fut blanchi de voiles et les flots

tourmentés par les avirons des galères et des vaisseaux se dirigeant vers le port. Cent vaisseaux de diverses formes et de toutes grandeurs arrivèrent ; quelques-uns armés en guerre, d'autres chargés de provisions. En même temps le bruit des tambours et des fanfares annonça l'arrivée, par terre, de détachements considérables qui marchaient en colonnes immenses vers le camp.

Ce puissant renfort était fourni par le duc de Medina Sidonia qui régnait comme un petit souverain sur ses vastes possessions. Il venait avec des forces princières se ranger volontairement sous l'étendard royal, et il apportait en outre un emprunt de vingt mille doublons d'or.

Dès que l'armée fut ainsi considérablement renforcée, Isabelle émit l'avis que l'on fît aux habitants de nouvelles propositions d'indulgence ; car elle était désireuse de prévenir les calamités d'un siége en règle et l'effusion du sang qui résulterait d'une attaque générale. De nouvelles sommations furent donc faites à la ville de se rendre, avec garantie de la vie, de la liberté et des propriétés, au cas d'une capitulation immédiate, mais promettant toutes les horreurs de la guerre, si la défense se continuait.

Hamet el Zegri repoussa de nouveau ces propositions avec dédain. Les principales fortifications n'étaient que peu entamées, et étaient en état de résister longtemps encore ; il se fiait aux mille maux et aux mille accidents qui attendent une armée assiégeante, et aux inclémences de la prochaine saison ; on ajoute que lui et son entourage avaient une foi aveugle dans les prédictions du derviche.

Le digne Père Antonio Agapida ne se fait aucun scrupule d'affirmer que le prétendu prophète de la ville était un archi-

nécromancien, ou magicien maure, « comme il y en a très
incontestablement, dit-il, beaucoup dans l'impure secte de
Mahomet, » et qu'il était ligué avec le prince des pouvoirs
de l'air, pour travailler à la confusion et à la défaite de l'armée chrétienne. Le digne Père affirme aussi, qu'Hamet
l'employait dans une haute tour de Gibralfaro, qui avait
vue sur la mer et sur terre, où il traçait des caractères et
des incantations avec des astrolabes et autres instruments
diaboliques, pour défaire les vaisseaux et les forces des chrétiens, partout où ils étaient aux prises avec les Maures.

Il attribue aux charmes puissants de ce sorcier les dangers
et les pertes d'un détachement de cavaliers de la maison
royale, dans un combat désespéré pour s'emparer de deux
tours du faubourg, près de la porte de la ville, appelée la
Puerta de Granada. Les chrétiens, commandés par Ruy Lopez
de Tolède, le vaillant trésorier de la reine, prirent, perdirent et reprirent les tours auxquelles finalement les Maures
mirent le feu et qui furent abandonnées aux flammes par les
deux parties. Il attribue à la même influence maligne le
dommage fait à la flotte chrétienne, qui fut si vigoureusement attaquée par les *albatozas* ou batteries flottantes des
Maures, qu'un vaisseau du duc de Medina Sidonia fut coulé
à fond, et que les autres furent obligés de se retirer.

« Hamet el Zegri, dit Antonio Agapida, se tenait au
sommet de la haute tour de Gibraltar, contemplant cette
injure infligée à l'armée chrétienne ; et son cœur se gonfla
d'orgueil. Le nécromancien maure était à ses côtés, lui
montrant l'armée chrétienne occupant toutes les éminences
qui entouraient la ville, couvrant ses plaines fertiles, et les
vaisseaux balancés sur les flots tranquilles de la mer ; il lui
recommanda d'être fort de cœur, parce que dans peu de

jours toute cette flotte puissante serait dispersée par les vents du ciel, et qu'il pourrait, sous l'égide de la bannière sacrée, sortir et attaquer le camp, le défaire complétement et rapporter les dépouilles des tentes somptueuses; enfin que Malaga serait noblement vengée de ses agresseurs. Ainsi le cœur d'Hamet était réconforté comme celui de Pharaon, et il continua à défier les souverains et leur armée de pieux guerriers. »

CHAPITRE LXI

Voyant l'obstination et l'entêtement des assiégés, les chrétiens approchèrent leurs travaux des murs, gagnant les positions l'une après l'autre, pour se préparer à un assaut général. Près de la barrière de la ville se trouvait un pont de quatre arches, défendu à chacune de ses extrémités par une forte et haute tour, et sur laquelle une partie de l'armée devait passer pour une attaque générale. Le commandant en chef de l'artillerie, Francisco Ramirez de Madrid, reçut l'ordre de s'emparer de ce pont. L'approche en était d'une difficulté extrême, à cause de la position découverte des assaillants et le nombre de maures qui formaient la garnison des tours. Cependant, Francisco Ramirez creusa secrètement une mine qui conduisait sous la première tour, et plaça une pièce de canon, la gueule immédiatement tournée vers les fondations, avec une traînée de poudre, destinée à faire explosion au moment voulu.

Quand toutes ces dispositions furent prises, Ramirez s'avança lentement avec son artillerie presqu'en face des tours, se garnissant de boulevards à chaque pas, gagnant du terrain peu à peu, jusqu'à ce qu'il fût arrivé près du pont. Il planta alors plusieurs pièces d'artillerie dans ses ouvrages, et commença à battre la tour. Les Maures répondaient vigoureusement de leurs remparts; mais au cœur du combat, la pièce de canon dirigée sur les fondations, fut déchargée. La terre s'entrouvrit, une partie de la tour sauta, et un grand nombre de Maures furent mutilés; le reste prit la fuite, frappés de terreur à cette explosion qui éclata sous leurs pieds comme la foudre, et en voyant la terre vomir des flammes et de la fumée; car, jusqu'alors, ils n'avaient pas encore assisté à l'application d'un tel stratagème de guerre. Les chrétiens se jetèrent de l'avant, prirent possession du poste abandonné et commencèrent immédiatement une attaque sur la seconde tour, à l'extrémité du pont et dans laquelle les Maures s'étaient réfugiés. Un feu continu d'arbalètes et d'arquebuses s'échangea d'une tour à l'autre, les volées de pierres pleuvaient, et si fort, que nul n'osa s'aventurer sur le pont entre les deux tours.

Francisco Ramirez renouvela, enfin, son premier mode d'approche, se gardant derrière ses boulevards à mesure qu'il avançait, tandis que les Maures, à l'autre extrémité, balayaient le front avec leur artillerie. Le combat fut long et sanglant, féroce du côté des Maures, patient et persévérant du côté des chrétiens. Peu à peu, ceux-ci réussirent à traverser le pont, chassèrent l'ennemi devant eux et restèrent maîtres de cet important passage.

En récompense de cette courageuse et brillante affaire, le roi Ferdinand, après la capitulation de la ville, conféra la chevalerie à Francisco Ramirez, dans la tour qu'il avait si glorieusement prise (1). Le digne Père Antonio Agapida consacre plus d'une page en éloges exaltés sur cette invention d'attaquer les fondations de la tour au moyen d'une pièce de canon, affirmant que c'est le premier emploi qui ait été fait de la poudre à canon comme mine.

(1) Pulgar, part. III, cap. XCI.

CHAPITRE LXII

Tandis que le derviche illusionnait la garnison de Malaga
par de vaines espérances, la famine augmentait à un degré
terrible. Les Gomères traitaient la ville en place conquise;
s'emparant, par la force, de tout ce qu'il y avait à manger
dans les maisons des paisibles citoyens, brisant caves et cel-
liers et démolissant les murs derrière lesquels ils pensaient
que pouvaient être cachés des approvisionnements.

Les habitants affamés n'avaient plus de pain à manger; la
viande de cheval leur manquait même; ils en étaient réduits
à dévorer des peaux et des intestins d'animaux grillés au feu,
et à assouvir la faim de leurs enfants avec des feuilles de vigne
hachées et frites dans l'huile. Il en périt beaucoup de faim,
beaucoup par l'insalubrité des aliments avec lesquels ils
cherchaient à apaiser cette faim; un grand nombre s'était
réfugié dans le camp chrétien, préférant la captivité aux
horreurs qui les entouraient.

Enfin les souffrances des habitants devinrent si grandes, qu'elles dominèrent même les craintes que leur inspiraient Hamet et les Gomères. Ils se réunirent devant la maison d'Ali Dordux, le riche marchand, dont l'habitation se trouvait au pied de la colline de l'Alcazaba, et ils le supplièrent de se mettre à leur tête et d'intercéder auprès d'Hamet el Zegri pour obtenir de lui qu'il capitulàt. Ali Dordux était homme de courage autant qu'adroit politique; il s'aperçut que la faim donnait de la bravoure aux citoyens, tandis qu'il lui paraissait certain qu'elle augmentait la férocité de la soldatesque. Il s'arma donc de pied en cap, et consentit à avoir cette terrible entrevue avec l'alcayde. Il s'adjoignit un alfaqui nommé Abrahen Alharis, et un habitant notable, appelé Amar ben Amar, et ils montèrent à la forteresse de Gibralfaro, suivis d'un grand nombre d'habitants tout tremblants.

Ils trouvèrent Hamet el Zegri, non plus comme auparavant, entouré de sa féroce garde et de l'appareil militaire; mais dans une des chambres des hautes tours, devant une table de pierre couverte de rouleaux de parchemins chargés de caractères étranges et de diagrammes mystiques; tandis que des instruments de formes singulières et inconnues remplissaient la pièce. Près d'Hamet el Zegri se trouvait le derviche prophète qui apparut pour lui expliquer les mystérieuses inscriptions des parchemins. Sa présence remplit de terreur les citoyens, et même Ali Dordux qui le considérait comme un homme inspiré.

L'alfaqui Abrahen Alharis, à qui son caractère sacré donnait l'audace de parler, éleva alors sa voix et s'adressa à Hamet el Zegri :

— Nous vous supplions, dit-il d'un ton solennel, au nom

du Dieu tout-puissant, de ne pas persister plus longtemps dans une inutile résistance qui doit finir par notre ruine; mais de rendre la ville, alors que la clémence nous est encore assurée. Calculez combien de nos guerriers sont déjà tombés par l'épée; ne laissez pas périr de faim ceux qui survivent. Nos femmes et nos enfants nous demandent du pain et nous n'en avons pas à leur donner. Nous les voyons se tordre dans une longue agonie sous nos yeux, pendant que l'ennemi déployant le luxe de l'abondance dans son camp, se rit de nos misères. A quoi nous sert notre défense? Nos murailles seraient-elles par hasard plus solides que les murailles de Ronda? Sommes-nous des soldats plus braves que les défenseurs de Loxa? Les murailles de Ronda ont été renversées et les soldats de Loxa se sont rendus. Devons nous espérer des secours? D'où les recevrions-nous? L'heure des espérances est passée. Grenade a perdu sa puissance; elle n'a plus ni chevalerie, ni chefs, ni roi. Boadil est un vassal sous les murs avilis de l'Alhambra; El Zagal est en fuite, enfermé dans les remparts de Guadix. Le royaume est divisé; ses forces sont parties, son orgueil est abattu, son existence même touche à la fin. Au nom d'Allah, nous te conjurons, toi, notre capitaine, de ne point te montrer notre plus redoutable ennemi; rends ces ruines de notre Malaga autrefois si heureuse, et délivre-nous des horreurs qui nous accablent. »

Telle fut la supplication que l'extrémité de leurs malheurs arracha aux habitants. Hamet el Zegri écouta sans colère l'alfaqui, car il respectait la sainteté de son caractère. Son cœur était, d'ailleurs, à ce moment, gonflé d'une vaniteuse confiance.

— Encore quelques jours de patience, dit-il, et tous ces maux auront leur terme. J'ai conféré avec ce saint homme, et nous avons trouvé que l'heure de notre délivrance est proche. Les décrets du sort sont inévitables; il est écrit dans le livre de la destinée que nous devons faire une sortie, et détruire le camp des infidèles et nous emparer de ces montagnes de grain qui y sont empilées. Allah l'a promis par la bouche de son prophète que voici. Allah Achbar! Dieu est grand! aucun homme ne doit s'opposer aux décrets du ciel!

Les citoyens écoutèrent avec respect; car nul vrai musulman ne prétend à aller contre ce qui est écrit dans le livre du destin. Ali Dordux, qui s'était armé comme le champion de la ville, décidé à braver la colère d'Hamet, s'inclina devant le saint homme, et ajouta foi à ses prophéties comme à des révélations d'Allah. Les députés s'en revinrent donc auprès de leurs concitoyens en les exhortant à prendre bon courage.

— Encore quelques jours, dirent-ils, et nos souffrances seront finies. Quand la bannière blanche sera amenée de la tour, regardez ce moment comme celui de notre délivrance; car l'heure de l'attaque sera venue alors.

Le peuple se retira le cœur ulcéré. Chacun luttait en vain pour calmer les cris de ses enfants affamés; et chaque jour, à chaque heure, les regards anxieux se tournaient vers la bannière sacrée qui continuait à flotter sur la tour de Gibralfaro.

CHAPITRE LXIII

OU HAMET EL ZEGRI FAIT UNE SORTIE AVEC LA BANNIÈRE SACRÉE
POUR ATTAQUER LE CAMP CHRÉTIEN.

« Le nécromancien maure, dit le digne fray Antonio Agapida, restait enfermé dans la tour de Gibralfaro, invoquant des moyens diaboliques pour amener malheurs et déconvenues sur les chrétiens. Il était chaque jour consulté par Hamet el Zegri qui avait une grande foi dans ces noirs et magiques artifices, qu'il avait rapportés avec lui de l'idolâtre Afrique. »

A croire le récit du digne Père sur ce derviche et ses incantations, il paraîtrait avoir été un astrologue, étudiant les étoiles, et s'attachant à calculer le jour et l'heure où une attaque heureuse pourrait être tentée contre le camp chrétien.

La famine avait fait des progrès jusqu'à ravager même la garnison de Gibralfaro, quoique les Gomères se fussent emparés de toutes les provisions qu'ils avaient trouvées dans la ville. Leurs passions étaient excitées par la faim ; ils devenaient turbulents, inquiets, impatients de se battre.

Hamet el Zegri était un jour en conseil avec ses capitaines, préoccupés de la gravité des événements, lorsque le derviche se présenta au milieu d'eux :

— L'heure de la victoire, s'écria-t-il, est venue! Allah ordonne que demain matin vous marchiez au combat. Je porterai devant vous la bannière sacrée, et je vous livrerai vos ennemis. Rappelez-vous, quoi qu'il arrive, que vous n'êtes que des instruments entre les mains d'Allah, pour tirer vengeance des ennemis de la foi. Allez donc au combat, le cœur pur, et oubliant toutes les offenses passées des uns envers les autres; car ceux qui sont charitables entre eux, seront victorieux de l'ennemi !

Ces paroles du derviche furent accueillies avec enthousiasme. Gibralfaro et l'Alcazaba retentirent immédiatement du bruit des armes. Hamet fit inspecter les tours et fortifications de la ville, et choisit les meilleures troupes et les capitaines les plus distingués pour ce combat décisif.

Le lendemain de grand matin, le bruit circula dans la ville que la bannière sacrée avait disparu de la tour, et tout Malaga fut sur pied pour assister à cette attaque qui devait détruire les infidèles. Hamet descendit de sa forteresse, accompagné de son principal capitaine, Abraham Zanete et suivi de ses Gomères. Le derviche ouvrait la marche, la bannière blanche déployée, le gage sacré de la victoire. La foule poussa des acclamations : « Allah Achbar! » et se prosterna sur le passage de la bannière. Le redoutable Hamet lui-même fut acclamé; car dans l'espérance d'une prompte délivrance, par la vigueur de son bras, la populace avait tout oublié excepté son héroïsme. Chaque cœur dans Malaga était agité de crainte et d'espoir; les vieillards, les femmes et les enfants et tous ceux qui ne marchaient pas au combat, montèrent sur la tour, sur les remparts, sur les toits, pour voir un combat qui allait décider de leur sort.

Avant de sortir de la ville, le derviche adressa une allocution aux troupes, leur rappelant le saint caractère de son entreprise, et les engageant à ne point s'aliéner la protection de la bannière sacrée par aucune action indigne. Ils devaient s'élancer, combattre vaillamment, et ne faire aucun quartier. La porte s'ouvrit alors; le derviche sortit, suivi de toute l'armée. L'attaque fut dirigée sur les camps du maître de Santiago et du maître de Calatrava, et si vigoureusement au début, qu'ils tuèrent et blessèrent plusieurs des gardes. Abraham Zanete pénétra dans une des tentes où il surprit plusieurs jeunes garçons chrétiens, sortant à peine de leur sommeil et tout tremblants. Le cœur du Maure s'émut de pitié devant leur jeunesse, ou peut-être dédaigna-t-il la faiblesse de l'ennemi; il les toucha du plat de son épée au lieu de la pointe.

— Allez, impies, leur cria-t-il, allez rejoindre vos mères !

Le fanatique derviche lui ayant reproché cet acte de clémence :

— Je ne les ai pas tués, répondit Zanete, parce que je ne leur ai point vu de barbe (1).

L'alarme avait été donnée dans le camp, et les Chrétiens s'élancèrent de tous les points pour défendre les portes de leurs boulevards. Don Pedro Puertocarrero, seigneur de Moguer et son frère don Alonzo Pacheco se plantèrent, avec leurs escortes devant la porte qui menait au campement du maître de Santiago, et supportèrent tout le poids du combat jusqu'à ce que des renforts leur arrivassent.

____

(1) Cura de los Palacios, cap. LXXXIV.

L'entrée du campement du maître de Calatrava fut défendue
de la même façon par Lorenzo Saurez de Mendoza. Hamet
el Zegri était furieux de rencontrer de la résistance là où il
espérait une victoire miraculeuse. Il ramena ses troupes à
l'attaque, comptant bien forcer les portes avant que des secours arrivassent. Elles combattirent avec ardeur, mais
furent repoussées aussi souvent qu'elles attaquèrent; et à chaque fois qu'elles revenaient à l'assaut, elles trouvaient l'ennemi doublé. Les Chrétiens ouvrirent un feu croisé de
toutes sortes de projectiles du haut de leurs remparts; les
Maures ne pouvaient causer que peu de mal à un ennemi
ainsi protégé derrière ses travaux, tandis qu'eux étaient exposés de la tête aux pieds. Les Chrétiens dirigeaient leurs
coups sur les cavaliers le plus en évidence, bon nombre
desquels furent tués ou blessés. Les Maures, cependant,
pleins de confiance dans les prédictions du prophète, se battaient en désespérés et en dévots; et ils étaient enragés à
venger le sort de leurs chefs. Ils montèrent sur les morts,
tâchant d'escalader ainsi les remparts; ou de forcer les
portes, et tombaient sous des pluies de flèches et de lances,
comblant les fossés de leurs cadavres mutilés.

Hamet el Zegri, courait comme un furieux le long des
ouvrages, cherchant une ouverture pour attaquer. Il grin-
çait des dents avec rage, en voyant tant de ses soldats
d'élite tomber autour de lui. Sa vie semblait être protégée
par un charme; car bien qu'il fût constamment au plus
chaud du combat, au milieu d'une grêle de projectiles, il
avait échappé à toute atteinte. Aveuglément confiant dans
la victoire prophétisée, il continuait à exciter les troupes.
Le derviche, lui, courait comme un maniaque, dans les
rangs, agitait sa bannière blanche et excitait les Maures

au combat en poussant des hurlements plutôt que des cris. Au milieu de ses excentricités, une pierre partie d'un catapulte, l'atteignit à la tête, et fit sauter sa pauvre cervelle troublée (1)

Quand les Maures virent leur prophète sur le carreau et sa bannière roulant dans la poussière, ils furent pris de terreur, et rentrèrent en désordre dans la ville. Hamet el Zegri fit quelques efforts pour les rallier ; mais lui-même était confondu par la mort du derviche. Il couvrit les fuyards avec ce qui lui restait de combattants, se retournait fréquemment contre ceux qui le poursuivaient, et battit en retraite lentement vers la ville.

Les habitants de Malaga assistèrent, frappés de terreur, du haut de leurs murailles à ce désastreux combat. Au premier moment, en voyant les gardes du camp prendre la fuite, ils s'étaient écriés : « Allah nous a donné la victoire ! » Et ils poussèrent des cris de triomphe. Leur enthousiasme, cependant, se changea en doute quand ils virent leurs troupes repoussées aux attaques successives qu'elles tentèrent. De temps en temps, ils apercevaient un de leurs guerriers de distinction tomber, et d'autres revenir tout ensanglantés vers la ville. Lorsque enfin la bannière sacrée tomba, et que les troupes en déroute se précipitèrent vers les portes, poursuivies et taillées en pièces par l'ennemi, la populace se sentit prise de désespoir et d'horreur.

Lorsqu'Hamet franchit les portes, il fut accueilli par des cris de douleur. Les mères dont les fils avaient été tués lui jetèrent des malédictions au moment où il passa. D'autres, dans les angoisses de leur cœur, lui présentèrent leurs en-

____

(1) Garibay, lib. xviii, cap. xxxiii.

fants affamés, en s'écriant : « Écrase-les sous les pieds de ton cheval, car nous n'avons plus de nourriture à leur donner, et nous ne pouvons supporter leurs cris! » Toutes le vouaient à l'exécration, comme étant l'auteur de tous les maux que souffrait Malaga.

La portion militaire de la population, ainsi qu'un grand nombre de guerriers qui, avec leurs femmes et leurs enfants, s'étaient réfugiés des forteresses de la montagne dans Malaga, joignirent leurs clameurs à celles de la populace; car leur cœur était ulcéré des souffrances de leurs familles.

Hamet el Zegri ne pouvait plus résister à ce torrent de lamentations, de malédictions, d'accusations. Sa puissance militaire était finie, car la plupart de ses officiers et la fleur de sa bande africaine avaient péri dans cette désastreuse affaire. Tournant le dos à la ville, et l'abandonnant à ses propres inspirations, il regagna avec le reste de ses Gomères, la forteresse de Gibralfaro.

CHAPITRE LXIV

Le peuple de Malaga n'étant plus sous le coup de l'épouvante que lui inspiraient Hamet el Zegri et ses Gomères, se tourna vers Ali Dordux, le magnanime marchand, et mit le sort de la ville entre ses mains. Il avait déjà gagné les commandants du château des Génois et de la citadelle qui en dépendait; et au moment de la confusion que nous venons de rapporter, il s'était dirigé vers ces importantes forteresses. Il s'était adjoint l'alfaqui Abrahen Alhariz et quatre des principaux habitants, qui, formant une junte provisoire, envoyèrent aux souverains chrétiens des hérauts, offrant de rendre la ville à certaines conditions : protection des personnes et des biens des habitants, autorisation de résider en qualité de mudaxares, ou vassaux tributaires, à Malaga ou tout autre lieu.

Lorsque ces hérauts arrivèrent au camp et firent connaître l'objet de leur mission, le roi Ferdinand était fort irrité.

— Retournez auprès de vos concitoyens, leur dit-il, et dites-leur que le jour de grâce est passé. Ils ont persisté dans une défense inutile, jusqu'au jour où ils ont été contraints par la nécessité à capituler : il faut qu'ils se rendent sans conditions, et subissent le sort des vaincus. Ceux qui méritent la mort subiront la mort; ceux qui méritent la captivité, subiront la captivité.

Cette dure réponse jeta la consternation dans le peuple de Malaga ; mais Ali Dordux releva leur moral et résolut d'aller en personne et de supplier pour l'obtention de conditions favorables. Quand le peuple vit ce marchand important et qui jouait un rôle si éminent dans leur ville, partir avec ses collègues pour cette mission, il reprirent courage, en se disant : « Certainement, le roi chrétien ne se montrera pas sourd aux paroles d'un homme tel qu'Ali Dordux. »

Ferdinand ne voulut pas même recevoir les ambassadeurs.

— Envoyez-les au diable, dit-il avec exaltation, au commandeur de Léon, je ne veux pas les voir. Qu'ils retournent dans leur ville. Ils se rendront à ma merci, comme des ennemis vaincus (1).

Et pour donner plus d'autorité à cette réponse, il ordonna une décharge générale de toute l'artillerie et de toutes les batteries; ce fut un bruit terrible dans tout le camp; les lombardes, catapultes et autres engins tonnèrent avec fureur contre la ville en y faisant de grands dommages.

Ali Dordux et ses compagnons s'en retournèrent avec le visage fort triste, et purent à peine faire entendre la réponse du roi chrétien, au milieu du vacarme de l'artillerie, de

_____

(1) Cura de los Palacios, cap. LXXXIV.

l'écroulement des murs, des cris des femmes et des enfants. Les bourgeois furent singulièrement étonnés et désillusionnés du peu de respect qu'on avait montré à leur premier citoyen ; mais les militaires qui étaient dans la ville, s'écrièrent :

—Qu'a donc ce marchand à vouloir se mêler des questions qui ne regardent que les gens de guerre? Ne nous adressons pas à l'ennemi en suppliants abjects qui n'ont aucune injure à venger; mais en hommes de courage qui ont des armes dans la main.

Ils envoyèrent, en conséquence, une nouvelle mission auprès des souverains chrétiens, offrant de rendre la ville et tous leurs biens, sous la condition d'avoir la liberté des personnes sauve. Si on leur refusait ces conditions, ils déclaraient vouloir pendre sur les remparts quinze cents prisonniers chrétiens, hommes et femmes; qu'ils enfermeraient les vieillards, les femmes et les enfants dans la citadelle, mettraient le feu à la ville et sortiraient l'épée à la main, décidés à combattre jusqu'à la dernière extrémité. De cette manière, dirent-ils, les souverains espagnols auront remporté une sanglante victoire, et la chute de Malaga sera célèbre tant que le monde durera.

Des opinions diverses s'agitaient dans le camp chrétien. Beaucoup de chevaliers étaient exaspérés contre Malaga de sa longue résistance qui avait occasionné la mort d'un grand nombre de leurs parents et de leurs amis les plus chers. Elle avait été longtemps un repaire pour les bandits maures, et le lieu où la plus grande partie des guerriers pris à Axarquia avaient été exposés triomphalement et vendus en esclavage. Ils ajoutaient qu'il restait encore plusieurs villes mauresques à assiéger et qu'un exemple devait être fait à

Malaga, pour prévenir toute résistance opiniâtre de la part des autres. Leur avis était donc que tous les habitants devaient être passés au fil de l'épée (1).

Le cœur sensible d'Isabelle se révolta devant des conseils aussi sanguinaires. Elle insista pour que la victoire ne fût point souillée par des actes de cruauté. Ferdinand, néanmoins, fut inflexible et refusa toutes conditions préliminaires, insistant pour une capitulation sans condition. Le peuple de Malaga était alors au paroxisme du désespoir. D'un côté, on entrevoyait la famine et la mort; de l'autre, l'esclavage et les chaînes. Les gens d'épée, qui n'avaient pas de famille à protéger, insistaient vigoureusement pour signaler leur chute par quelque action illustre.

— Sacrifions nos prisonniers chrétiens, et détruisons-nous ensuite! criaient les uns.

— Mettons à mort les femmes et les enfants, le feu à la ville, tombons sur le camp chrétien, et mourons l'épée à la main! criaient les autres.

Ali Dordux parvint cependant à faire entendre sa voix au milieu de cette clameur générale. Il s'adressa aux principaux habitants et à ceux qui avaient des enfants.

— Que ceux qui vivent de l'épée meurent par l'épée, s'écria-t-il; mais ne suivons pas ces conseils désespérés. Qui sait quels sentiments de pitié peuvent s'éveiller dans le cœur des souverains chrétiens quand ils verront nos femmes et nos filles inoffensives, et nos petits enfants innocents! La reine chrétienne est, dit-on, pleine de bienveillance.

A ces mots, les entrailles des malheureux bourgeois de Malaga s'émurent devant leurs familles, et ils donnèrent

(1) Pulgar.

pleins pouvoirs à Ali Dordux, de remettre la ville sans conditions aux souverains castillans.

Le marchand fit des allées et venues du camp à la ville, eut plusieurs entrevues avec Ferdinand et Isabelle, et intéressa quelques-uns des principaux chevaliers à sa cause. Il envoya au roi et à la reine de riches présents en marchandises d'Orient, des étoffes de soies et d'or, des joyaux, des pierres précieuses, des épices, des parfums et beaucoup d'autres objets rares et somptueux qu'il avait amassés dans son commerce avec l'Orient; et peu à peu il prit faveur aux yeux des souverains (1). Voyant qu'il n'y avait rien à obtenir pour la ville, en homme prudent et en habile marchand, il commença à négocier pour lui et pour ses amis les plus intimes.

Il représenta que, dès le début, ils avaient voulu rendre la ville, mais qu'ils en avaient été empêchés par les hommes de guerre puissants qui avaient menacé leur vie. Il demandait donc que le pardon leur fût accordé et qu'ils ne fussent pas confondus avec les coupables.

Les souverains avaient accepté les présents d'Ali Dordux; comment pouvaient-ils se montrer sourds à sa demande? Ils lui garantirent donc son pardon ainsi qu'à quarante familles qu'il désigna; et il fut convenu qu'ils seraient protégés dans leurs vies et dans leurs biens, et qu'ils seraient autorisés à résider dans Malaga en qualité de mudaxares ou vassaux musulmans, et à suivre leurs pratiques ordinaires (2). Tout étant arrangé de la sorte, Ali Dordux remit vingt des principaux habitants qui devaient rester

(1) Chron. de Valera, M. S.
(2) Cura de los Palacios.

en ótages jusqu'à ce que la ville fût en la possession des chrétiens.

Don Gutiere de Cardeñas, commandeur de Léon, entra alors dans la ville, armé de pied en cap, à cheval, et en prit possession au nom des souverains de Castille. Il était suivi de ses vassaux, et des capitaines et cavaliers de l'armée, et quelque temps après, les étendards de la croix, du bienheureux Santiago et des souverains catholiques flottèrent sur la principale tour de l'Alcazaba. Quand ces drapeaux furent aperçus du camp, la reine, la princesse, les dames de la cour et toute la suite royale se jetèrent à genoux et rendirent des actions de grâce à la sainte Vierge et à Santiago, pour ce grand triomphe de la foi; les évêques et autres membres du clergé présents, et les chœurs de la chapelle royale entonnèrent le *Te Deum laudamus* et le *Gloria in excelsis.*

CHAPITRE LXV

ACCOMPLISSEMENT DE LA PROPHÉTIE DU DERVICHE.
SORT D'HAMET EL ZEGRI.

A peine la ville fut-elle occupée, que les habitants aux abois demandèrent la permission d'acheter du pain pour eux et leurs enfants, aux magasins de grains qu'ils avaient si souvent enviés du haut de leurs murailles. Cette permission leur fut accordée; ils sortirent donc avec l'empressement d'hommes affamés. C'était pitoyable de voir les efforts de ces pauvres gens à qui pourrait le premier satisfaire son appétit.

« Ainsi, dit le pieux Antonio Agapida, les prédictions des faux prophètes peuvent quelquefois se réaliser; mais toujours à la confusion de ceux qui y ajoutent foi; car les paroles du nécromancien maure vinrent à se vérifier : qu'ils mangeraient de ce pain; mais ils le mangèrent humiliés et vaincus, le cœur triste et amer. »

Les sentiments d'Hamet el Zegri étaient sombres et féroces, en voyant du château de Gibralfaro les légions chrétiennes entrer dans la ville et l'étendard de la croix remplacer le croissant sur la citadelle.

— Le peuple de Malaga, dit-il, s'est confié à un homme de commerce, et il a trafiqué de ce peuple; mais ne souffrons pas d'être liés pieds et poings, et livrés comme une part de son marché. Nous avons encore de fortes murailles autour de nous, et de bonnes armes dans nos mains. Combattons jusqu'à ce que nous soyons ensevelis sous la dernière pierre de la tour de Gibralfaro; ou bien, élançons-nous du milieu de ces ruines, portons le ravage parmi les infidèles, pendant qu'ils se pressent dans les rues de Malaga.

Le feu des Gomères cependant s'était éteint. Ils seraient morts sur la brèche, si leur citadelle avait été attaquée; mais les lentes souffrances de la famine avaient usé leurs forces sans éveiller leurs passions, et détruit à la fois l'énergie de l'âme et celle du corps. Ils furent presque unanimes pour se rendre.

Ce fut une rude épreuve pour l'âme orgueilleuse d'Hamet, de se plier à demander des conditions. Il croyait encore que l'énergie de sa défense lui vaudrait le respect aux yeux d'un chevaleresque ennemi.

— Ali, dit-il, a négocié comme un marchand; je capitulerai en soldat!

Il envoya donc un héraut à Ferdinand, offrant de rendre la citadelle, mais demandant un traité séparé. Le roi de Castille fit cette réponse laconique et sévère : « Qu'il n'accepterait aucune condition autre que celles qui furent garanties à la ville de Malaga. »

Pendant deux jours Hamet el Zegri demeura dans sa citadelle, bien que la ville fût au pouvoir des chrétiens. Enfin les murmures de ses suivants le forcèrent à se rendre.

Quand les débris de cette fière garnison africaine descendirent de la forteresse escarpée, ils étaient si défigurés par les veilles, la faim, les combats, et lançaient autour d'eux des regards si pleins de fureur, qu'ils ressemblaient plutôt à des démons qu'à des hommes. Ils furent tous condamnés à l'esclavage, excepté Abraham Zenete. L'exemple de clémence qu'il avait donné, en épargnant les jeunes garçons espagnols, lors de la dernière attaque de Malaga lui valut sa grâce. Cet acte avait été cité par les chevaliers espagnols comme un acte magnanime; et tous admettaient que Maure de sang, il avait le cœur chrétien d'un hidalgo castillan (1).

Quant à Hamet el Zégri, interrogé sur le motif qui l'avait poussé à une défense si opiniâtre, il répondit :

— Lorsque je pris mon commandement, je m'engageai à combattre pour la défense de ma foi, de ma ville et de mon souverain, jusqu'à ce que je fusse tué ou fait prisonnier; en outre, si j'avais eu autour de moi des hommes pour m'aider, je fusse mort en combattant, au lieu de me rendre ainsi humblement sans une arme dans la main.

« Telles étaient, dit le pieux Antonio Agapida, la rage diabolique et l'opposition inflexible de cet infidèle à notre sainte cause. Mais il fut justement puni par notre très catholique et très grand roi, pour sa défense obstinée de la ville; car Ferdinand le fit charger de chaînes et jeter en prison (2). »

(1) Cura de los Palacios, cap. LXXXIV.
(2) Pulgar, *Cronica.*

CHAPITRE LXVI

Un des premiers soins des vainqueurs, en entrant dans
Malaga, fut de rechercher les captifs chrétiens. Près de
seize cents de ces malheureux, hommes et femmes, furent
trouvés et parmi eux des personnes de distinction. Plusieurs étaient en captivité depuis dix, quinze et même vingt
ans. Quelques-uns avaient été domestiques des Maures, ou
employés aux travaux publics, et un grand nombre avaient
subi leur peine dans les fers et en prison. On fit des préparatifs pour célébrer leur délivrance avec une pompe chrétienne. Une tente fut dressée non loin de la ville; on
y plaça un autel et tous les ornements solennels d'une chapelle. Le roi et la reine s'y rendirent pour recevoir les
captifs qui furent réunis dans la ville et se mirent en
marche formant une lugubre procession. Beaucoup portaient
encore les chaînes et les fers aux jambes; ils étaient dévas-

tés par la faim; leur chevelure et leur barbe avaient grandi, leurs visages étaient pâles et farouches par suite d'un long emprisonnement. Quand ils se virent en liberté et entourés de leurs compatriotes, les uns promenaient autour d'eux des yeux étonnés, croyant rêver; d'autres se livraient à de fanatiques transports, la plupart étaient dans la plus grande joie. Les assistants ne purent contenir leurs larmes à un si touchant spectacle.

Quand la procession arriva au lieu dit la porte de Grenade, elle fut rencontrée par un cortége considérable qui venait du camp au devant d'elle, avec croix et bannières; ce cortége retourna sur ses pas et suivit les captifs en chantant des hymnes d'actions de grâce. Quand ils arrivèrent en présence du roi et de la reine, ils se jetèrent à leurs genoux et voulurent leur baiser les pieds comme à leurs sauveurs; mais les souverains leur épargnèrent cette humiliation et leur tendirent gracieusement les mains. Ils se prosternèrent alors devant l'autel, et tous les assistants se joignirent à eux pour remercier Dieu de les arracher à ce cruel esclavage. Par ordre du roi et de la reine, leurs chaînes furent enlevées, ils se trouvèrent dans un costume décent, et on leur apporta de la nourriture. Après qu'ils eurent bu et mangé et eurent repris des forces, on leur donna de l'argent et toutes les choses nécessaires à leur voyage, et on les renvoya chez eux.

Pendant que les vieux chroniqueurs s'enthousiasment de ce pur et affectueux triomphe de l'humanité, ils se laissent aller à décrire avec non moins d'éloges un spectacle d'une autre nature. On avait trouvé dans la ville une douzaine de ces renégats chrétiens qui avaient passé aux Maures et leur avaient apporté de faux renseignements pendant le siége.

Un châtiment d'une nature barbare leur fut infligé, emprunté, dit-on, aux Maures et particulier à ces guerres. Ils furent attachés à des poteaux, sur une place publique; les cavaliers exerçaient leur adresse en les perçant de flèches aiguisées, les injuriaient en passant à côté d'eux au grand galop, jusqu'à ce que les malheureuses victimes expirassent de leurs blessures. Plusieurs apostats maures, aussi, qui après avoir embrassé le christianisme, avaient abandonné la vraie foi et s'étaient réfugiés à Malaga, pour éviter les vengeances de l'inquisition, furent brûlés publiquement. « Il y eut, dit avec enthousiasme un vieil historien jésuite, tournois de flèches, et les illuminations les plus brillantes pour cette fête de la victoire, et pour la piété catholique de nos souverains (1). »

. Quand la ville fut expurgée des impuretés, des odeurs infectes qui s'y étaient accumulées pendant la durée du siége, les évêques et les autres membres du clergé qui accompagnaient la cour, ainsi que les chœurs de la chapelle royale, se rendirent processionnellement à la principale mosquée, laquelle fut consacrée et appelée Santa-Maria de la Incarnacion. Après quoi le roi et la reine entrèrent dans la ville, accompagnés du grand cardinal d'Espagne, ainsi que des principaux nobles et chevaliers, et entendirent une messe solennelle. L'église fut alors érigée en cathédrale, Malaga devint un évêché, et les principales villes avoisinantes firent partie du diocèse. La reine prit sa rési-

_____

(1) « Los renegados fueron acanavareados; y los conversos quemados; y estos fueron los cañas y luminarias mas alegres por la fiesta de la vitoria, para la piedad catholica de nuestros reyes. » Abarca, *Anales de Aragon*, tom. II, rey 30, cap. III.

dence dans l'Alcazaba, dans les appartements de son vaillant trésorier, Ruy Lopez, d'où elle avait vue sur toute la ville; mais le roi établit son quartier-général dans le château militaire de Gibralfaro.

Vint le moment de décider du sort des prisonniers maures. Tous ceux qui, étrangers à la ville, s'y étaient réfugiés ou y étaient venus pour prêter main. forte, furent déclarés esclaves. Ils furent divisés en trois groupes. L'un fut mis à part pour le service de Dieu, c'est à dire, destiné à racheter les captifs catholiques, soit dans le royaume de Grenade, soit en Afrique; le second groupe fut réparti entre ceux qui avaient coopéré au siége, soit sur le champ de bataille, soit par leurs conseils, selon le rang de chacun; le troisième fut destiné à être vendu pour faire face aux grandes dépenses qu'avait exigées la reddition de la place. On envoya une centaine de Gomères en cadeau au pape Innocent VIII; ils furent conduits triomphalement à travers les rues de Rome, et ensuite convertis au christianisme. Cinquante jeunes filles maures furent envoyées à la reine Jeanne de Naples, sœur du roi Ferdinand, et trente à la reine de Portugal. Isabelle donna les autres en présent aux dames de sa maison et aux nobles familles d'Espagne.

Parmi les habitants de Malaga, il y avait quatre cent cinquante juifs maures, pour la plupart des femmes, parlant la langue arabe, et portant le costume mauresque. Ils furent achetés par un riche juif de Castille, fermier général des revenus royaux provenant des juifs d'Espagne. Il s'engagea à fournir, dans un certain temps, la somme de vingt mille doblas ou pistoles d'or; tout l'argent et les joyaux des captifs étant pris en paiement. Ils furent expédiés en Castille à bord de deux galères.

Quant à la grande masse des habitants maures, ils implorèrent la grâce de n'être point dispersés et vendus comme captifs, mais d'être admis à payer leur rançon dans un certain temps. Sur ce point, Ferdinand consulta ses plus habiles conseillers. Ils lui dirent :

— Si nous leur laissons voir en perspective la captivité sans espoir, ils jetteront tout leur or et tous leurs bijoux dans des puits et dans des trous, et nous perdrons la plus belle part des dépouilles; si, au contraire, nous fixons un prix pour la rançon, et que nous recevions argent et joyaux en paiement, rien ne sera perdu.

Le roi goûta grandement cet avis, et il fut décidé que tous les habitants seraient rançonnés au taux général de trente doblas ou pistoles d'or par individu, homme ou femme, petit ou grand; que l'or, les joyaux et autres objets de valeur seraient remis immédiatement en à compte de paiement, et que le surplus serait soldé dans le délai de trois mois, et la rançon de ceux qui vivant actuellement viendraient à mourir dans l'intervalle, ne serait pas exigée. Tous ceux qui, à l'expiration des huit mois, ne se seraient pas libérés du montant de leur rançon, devaient être considérés et traités comme esclaves.

Les infortunés Maures, désireux de conserver l'espoir de leur future libération, souscrivirent à ces dures conditions. On prit les plus sévères précautions pour assurer le paiement. Les habitants furent recensés par maisons et par familles, et le nom de chacun relevé. Leurs plus précieux effets furent mis en tas, et scellés à leurs noms; et on leur ordonna de réparer certains *corrades*, ou larges enclos attenant à l'Alcazaba, que l'on entoura de hautes murailles et que gardaient des tours; c'était là que les convois d'esclaves chrétiens étaient ordinairement conduits, et on les y parquait, jusqu'au moment de leur vente, comme des troupeaux de bétail dans un marché. Les Maures furent obligés de sortir de leurs maisons un à un ; tout leur argent, colliers, bracelets et anneaux d'or, perles, coraux, pierres précieuses, leur furent enlevés sur le seuil, et leurs personnes furent si minutieusement fouillées, qu'il leur fut impossible de rien cacher.

Alors on vit des vieillards, de faibles femmes, de tendres vierges, quelques-uns de haute naissance et d'honorable condition, traverser les rues en larmes, et se diriger vers l'Alcazaba, en quittant leurs toits ; ces malheureux se frappaient la poitrine, joignant leurs mains, levant avec désespoir leurs yeux humides vers le ciel, et on rapporte ainsi les plaintes qu'ils exhalaient : .

— Oh! Malaga, ville renommée et magnifique! qu'est devenue la puissance de tes châteaux ; où est la grandeur de tes tours? A quoi t'a servi la solidité de tes murailles, pour la protection de tes enfants? Vois-les arrachés à ton séjour charmant, condamnés à traîner une vie d'esclavage sur une terre étrangère, et à mourir loin du toit de leur enfance! Quel sort est réservé à tes vieillards et à tes matrones, alors que leurs cheveux blancs ne seront plus respectés! Que deviendront tes vierges, si délicatement élevées, si tendrement aimées, réduites à une dure et vile servitude! Vois! tes familles, naguère heureuses, sont aujourd'hui dispersées pour n'être plus jamais réunies. Les fils sont séparés des pères, les maris de leurs femmes, et les jeunes enfants de leurs mères. Ils s'en iront chacun de leur côté sur la terre étrangère, et leur douleur sera la risée de l'étranger! Oh Malaga, ville qui nous as vus naître! qui pourra contempler ta désolation sans verser des larmes amères (1)!

Dès qu'on se fut complétement assuré de Malaga, on envoya une division contre deux forteresses proches de la mer, et appelées Mexas et Osuna, qui avaient constamment attaqué le camp chrétien. Les habitants furent menacés d'être passés au fil de l'épée s'ils ne se rendaient pas immédiatement. Ils demandaient les mêmes conditions que Malaga, s'imaginant qu'on y avait garanti la liberté des personnes et les propriétés. On accepta cette proposition. Ils furent transportés à Malaga, avec toutes leurs richesses ; en y arrivant, ils furent consternés de se trouver captifs. « Ferdinand, dit Antonio Agapida, était homme de parole : ils furent enfermés dans l'Alcazaba, et subirent leur sort. »

Les malheureux captifs restèrent dans les cours de l'Alcazaba, comme des moutons dans un parc, jusqu'à ce qu'ils fussent expédiés par terre et par mer à Séville. Ils furent alors répartis dans la ville et dans la campagne, chaque famille chrétienne ayant un ou plusieurs d'entre eux à entretenir comme serviteur, jusqu'au parfait paiement de leur rançon. Les captifs avaient obtenu que plusieurs d'entre eux fussent envoyés dans les villes mauresques du royaume de Grenade, pour quêter en faveur de leur libération ; mais ces villes étaient trop appauvries par la guerre, et trop aux prises avec leurs propres charges, pour prêter l'oreille à ces sollicitations.

Le temps s'écoula sans que le solde de la rançon ait pu être payé ; et tous les captifs de Malaga, au nombre de onze, d'autres disent de quinze mille, devinrent esclaves. « Ja-

(1) Pulgar.

mais, s'écrie le digne fray Antonio Agapida, dans un de ses élans de zèle et de dévoûment, on ne s'est rappelé un arrangement plus adroit et plus sagace que celui fait par ce monarque catholique qui s'assura non seulement toute la fortune, mais la moitié de la rançon de cès infidèles, et finalement, se trouva maître de leurs personnes par ce marché. On peut considérer cet acte comme un des grands triomphes du pieux et politique Ferdinand, car il l'éleva au dessus de la généralité des conquérants, qui ont bien le courage de gagner des victoires, mais qui manquent de la prudence et de la finesse nécessaires pour la faire tourner à leur avantage. »

CHAPITRE LXVII

La partie occidentale du royaume de Grenade se trouvait
alors soumise aux armes chrétiennes. Le port de Malaga
était pris ; les fiers et belliqueux habitants de la Serrania de
Ronda et les autres tribus des montagnes de la frontière
étaient tous désarmés et réduits à un pacifique et laborieux
vasselage. Leurs puissantes forteresses, qui avaient si longtemps été la terreur des vallées de l'Andalousie, déployaient
maintenant l'étendard de la Castille et de l'Aragon ; les tours
qui couronnaient chaque hauteur, et d'où les infidèles avaient
promené des regards de vautours sur les territoires chrétiens,
étaient maintenant démantelées et occupées par des troupes
chrétiennes. « Ce qui caractérisait et sanctifiait ce grand
triomphe, ajoute le vénérable Antonio Agapida, ce fut les
emblèmes de la domination ecclésiastique qui apparaissaient
partout. De tous côtés s'élevaient des couvents et des monas-
tères, forteresses de la foi, avec des garnisons de soldats

spirituels, moines et frères. La mélodie sacrée des cloches
.chrétiennes résonnait de nouveau dans les montagnes, son-
nant les matines à l'aurore, ou conviant les fidèles à l'an-
gelus, à l'heure solennelle du soir. »

Pendant que cette partie du royaume était ainsi réduite
par l'épée chrétienne, la partie centrale, autour de la ville
de Grenade, formant le cœur du territoire maure, était tenue
sous le vasselage du monarque castillan, par Boabdil, surnommé El Chico.

Ce malheureux prince ne perdait pas une occasion, soit
par des actes d'hommage, soit par des manifestations qui pouvaient être étrangères aux sentiments de son cœur, de se
rendre favorable les vainqueurs de son pays. A peine eut-il
appris la capitulation de Malaga, qu'il envoya des félicitations aux souverains catholiques, avec des chevaux richement harnachés, pour le roi, et de précieuses étoffes d'or
ainsi que des parfums orientaux pour la reine. Compliments
et présents furent reçus avec une extrême grâce ; et ce prince
à courte vue, illusionné par le pardon momentané et politique de Ferdinand, se flattait d'avoir conquis l'entière amitié
du monarque.

La conduite de Boabdil avait ses avantages transitoires et
superficiels. La portion du territoire maure soumise à son
autorité avait évité les calamités de la guerre. Les laboureurs cultivaient en sécurité leurs splendides champs, et la
vega de Grenade s'épanouissait de nouveau comme une rose.
Les marchands s'enrichissaient au commerce ; aux portes de
la ville se pressaient des convois de bêtes de somme chargées des riches produits de tous les climats. Cependant,
tout en se réjouissant de la fécondité de leurs champs et de
l'encombrement de leurs marchés, au fond les habitants de

Grenade méprisaient la politique qui leur donnait ces avantages, et tenaient Boabdil pour un peu moins qu'un apostat et qu'un infidèle.

Muley-Abdallah el Zagal était l'espoir du territoire non conquis du royaume; et tout Maure dont le cœur n'était pas atrophié par la mauvaise fortune, vantait la valeur du vieux monarque et sa fidélité à la foi et souhaitait de voir son étendard triompher.

El Zagal, quoiqu'il n'occupât point le trône dans l'Alhambra, régnait sur des domaines plus considérables que ceux de son neveu. Ses territoires s'étendaient de la frontière de Jaën, le long des frontières de la Murcie, jusqu'à la Méditerranée et pénétraient dans le centre du royaume. Au nord est, il tenait les villes de Baza et de Guadix, situées au centre de fertiles régions. Il avait aussi l'important port d'Almeria qui jadis avait rivalisé avec Grenade en richesse et en population. En outre, ses territoires comprenaient une grande partie des montagnes de l'Alpuxarras, qui traversent le royaume et étendent leurs bras vers les côtes de la mer. Cette région montagneuse portait dans ses flancs la richesse et la force. Ses sombres et rocheuses éminences, s'élevant jusqu'aux nuages, paraissaient défier l'invasion; néanmoins, dans leurs rudes interstices, régnaient de délicieuses vallées de la plus agréable température et de la plus riche fécondité.

Les sources froides et les limpides cascades qui s'élançaient de toutes les parties de la montagne, et les nombreux cours d'eau qui pendant la plus grande partie de l'année l'alimentaient dans la Sierra Nevada, entretenaient une perpétuelle végétation sur les sommets et les versants des collines, et, se réunissant en rivières argentées au fond des vallées, serpentaient à travers les plantations de mûriers, les bois d'orangers et de citronniers, d'amandiers, de figuiers et de grenadiers.

Là se récoltait la plus belle soie de l'Espagne, qui donnait de l'ouvrage à des milliers de manufactures. Les versants des collines, caressés par le soleil, étaient couverts de vignes. Les herbages abondants des ravins des montagnes, et les riches pâturages des vallées entretenaient de vastes troupeaux ; les sommets arides et rocheux des montagnes eux-mêmes portaient dans leurs flancs des mines de divers métaux, sources fécondes de richesses.

En un mot, la chaîne de l'Alpuxarra avait été de tout temps la grande source des revenus des rois de Grenade. Les habitants en étaient hardis et belliqueux ; et en tout temps, à un appel soudain du roi maure, cinquante mille combattants pouvaient descendre de ces forteresses de rochers.

Tel était le riche mais rude fragment d'empire qui restait fidèle au vieux roi El Zagal. Les barrières de montagnes qui en fermaient l'entrée avaient protégé cette région de tous les malheurs de la guerre, et El Zagal se prépara, en renforçant toutes les forteresses, à les défendre vigoureusement.

Les rois catholiques virent bien que de nouvelles préoccupations et de nouvelles fatigues les attendaient. Porter la guerre dans un nouveau pays nécessitait d'immenses dépenses, et il fallait chercher de nouveau des voies et moyens pour remplir les coffres épuisés. « Cependant, comme c'était là, dit Antonio Agapida, une guerre sainte et particulièrement destinée à tourner à l'avantage de l'Église, le clergé, tout plein de zèle, y contribua pour de fortes sommes d'argent et de nombreux corps d'armée. Un fonds pieux provint également des premiers fruits de cette glorieuse institution, l'inquisition.

« Il arriva que vers ce temps existaient plusieurs familles riches et entourées de dignités dans les royaumes d'Aragon et de Valence, et dans les principautés de Catalogne, dont les ancêtres avaient été des juifs, mais qui s'étaient converties au christianisme. Nonobstant la piété extérieure de ces familles, on insinua, et bientôt elles en furent véhémentement soupçonnées, que beaucoup d'entre elles avaient de secrets penchants pour le judaïsme ; on dit même tout bas que quelques-unes pratiquaient en secret les rites israélites.

« Le monarque catholique, continue Agapida, professait une horreur profonde pour toutes sortes d'hérésie, et un zèle fervent pour la foi. Il ordonna donc une stricte investigation sur la conduite de ces pseudo-chrétiens. Des inquisiteurs furent envoyés dans ce but dans les provinces, et ils procédèrent avec leur zèle habituel. Le résultat fut que plusieurs familles furent convaincues d'apostasie contre la foi chrétienne, et de pratique secrète de judaïsme. Ceux qui obtinrent grâce, après avoir été assez adroits pour se réformer à temps, rentrèrent de plein droit dans la religion chrétienne, mais non sans avoir payé de fortes amendes ; les autres furent brûlés en auto-da-fé, pour l'édification du public, et leur propriétés furent confisquées pour le bien de l'État.

« Comme ces hébreux étaient fort riches, et avaient une passion héréditaire pour les joyaux, on trouva en leur possession une grande quantité d'or et d'argent, de bagues, de colliers, de perles, de coraux et de pierres précieuses ; trésors faciles à transporter, et admirablement aptes aux exigences de la guerre. De cette façon, conclut le pieux

Agapida, ces apostats, d'après les vues pénétrantes de la
Providence, servirent la cause qu'ils avaient si traîtreusement
abandonnée; et leurs fortunes impies furent sanctifiées en
passant au service du ciel et de la couronne, dans cette
sainte croisade contre les infidèles. »

Il faut dire cependant que ces pieux expédients finan-
ciers furent quelque peu déjoués par l'intervention de la
reine Isabelle. Son œil pénétrant découvrit, que sous la
couleur du zèle et de la religion, beaucoup d'énormités
avaient été commises, et beaucoup d'innocents accusés, par
faux témoignage, d'apostasie, soit que la méchanceté fût
pour quelque chose, soit que l'espoir d'obtenir les biens des
condamnés, y poussât leurs accusateurs. Elle ordonna donc
une enquête sévère sur les procès qui avaient eu lieu; beaucoup furent cassés et les faux témoins punis en proportion
de leur crime (1).

(1) Pulgar, part. III, cap. c.

CHAPITRE LXVIII

« Muley-Abdallah el Zagal, dit le révérend père jésuite
Pedro Abarça, était le plus vénimeux mahométan de toute
la Mauritanie, » et le vénérable fray Antonio Agapida se fait
le plus dévotement du monde l'écho de cette opinion. « Certainement, ajoute ce dernier, nul n'a jamais opposé une
obstination plus inflexible et plus diabolique aux progrès de
la croix et de l'épée. »

El Zagal, sentant la nécessité de faire quelque chose pour
gagner de l'influence sur le peuple, pensa que rien ne lui
serait plus favorable que d'entrer en campagne. Les Maures
aimaient passionnément les appels aux armes et les incursions sauvages dans les montagnes, et préféraient aux tranquilles et sûrs gains obtenus par un pacifique commerce,
les dépouilles gagnées sur les chrétiens en les combattant.

Il régnait à cette époque une sécurité profonde le long de
la frontière de Jaën. Les commandants des forteresses chré-

tiennes se fiaient à l'amitié de Boabdil el Chico, et ils croyaient son oncle trop éloigné et trop absorbé dans ses propres ennuis, pour les inquiéter. Tout à coup El Zagal, étant sorti de Guadix à la tête d'un détachement d'élite, avait rapidement franchi les montagnes qui s'étendent derrière Grenade, et était tombé comme la foudre sur les territoires qui avoisinent Alcala la Real.

Avant que l'alarme pût être donnée et que la frontière pût se soulever, il avait accompli d'énormes ravages dans le pays ; saccageant, incendiant les villages, enlevant les troupeaux, et emmenant des prisonniers. Les guerriers de la frontière s'assemblèrent ; mais El Zagal était déjà loin, revenant à travers les montagnes, et il rentra dans Guadix en triomphe, son armée chargée des dépouilles chrétiennes et ramenant un immense convoi.

Tel fut l'un des coups de main hardis par lesquels El Zagal se prépara à l'invasion qu'il attendait de la part du roi chrétien ; excitant l'esprit belliqueux des populations et s'assurant une popularité momentanée.

Le roi Ferdinand réunit son armée à Murcie, au printemps de 1488. Il quitta cette ville le 5 juin, avec un camp volant de quatre mille chevaux et quatorze mille hommes d'infanterie. Le marquis de Cadix, commandait l'avant-garde, suivi de l'adelantado de Murcie. L'armée passa la frontière mauresque sur le bord de la mer, répandant la terreur à travers le pays ; partout où elle se montra, les villes se rendaient sans coup férir, tant était grande la crainte d'avoir à subir les maux qui avaient désolé la frontière opposée. C'est ainsi que Vera, Velez el Rubico, Velez el Blanco et plusieurs autres villes de moindre importance, au nombre de soixante, se rendirent à la première sommation.

Ce ne fut qu'en approchant d'Almeria que l'armée rencontra de la résistance. Cette ville importante était commandée par le prince Zélim, un parent d'El Zagal. Il conduisit bravement les Maures à la rencontre des chrétiens et livra un chaud combat à l'avant-garde dans les jardins qui entourent la ville. Le roi Ferdinand arriva avec le corps de l'armée et rappela son avant-garde du feu. Il vit bien que ce serait une entreprise sans résultat que d'attaquer la place avec les forces dont il disposait; ayant reconnu la ville et ses environs, pour les besoins d'une future campagne, il se retira avec son armée et marcha sur Baza.

Le vieux El Zagal s'était enfermé dans la ville de Baza avec une bonne garnison. Il avait confiance dans la force de la place, et il se réjouit d'apprendre que le roi chrétien approchait.

Dans la vallée en face de Baza, s'étendait une série de jardins formant comme un bois sans interruption, et coupés par des canaux et des cours d'eau. Il y cacha une forte embuscade d'arquebusiers et d'archers. L'avant-garde de l'armée chrétienne se dirigea joyeusement vers la vallée, au bruit des tambours et des trompettes, conduite par le marquis de Cadix et l'adelantado de Murcie. Au moment où elle approchait, El Zagal lança sa cavalerie et son infanterie et attaqua cette avant-garde avec une grande ardeur pendant un moment. Peu à peu faisant mine de céder, comme s'il était pressé par des forces supérieures, il entraîna les chrétiens tout fiers de leur victoire dans le défilé des jardins. Soudain les Maures de l'embuscade s'élancèrent de leurs cachette, et ouvrirent un si terrible feu sur les flancs et sur les derrières de l'ennemi, que bon nombre de chrétiens restèrent sur le carreau, tandis que le reste fut obligé de prendre la fuite en désordre. Le roi Ferdinand arriva juste pour voir la position désastreuse de ses troupes et donna l'ordre à l'avant-garde de battre en retraite.

El Zagal ne permit pas à l'ennemi de se retirer sain et sauf. Lançant de nouveaux escadrons, il tomba sur les derrières des troupes en retraite, en poussant des cris de triomphe, et les chassa devant lui avec une vigueur terrible. Le vrai cri de guerre « El Zagal! El Zagal! » fut de nouveau poussé par les Maures et répété avec transport du haut des murs de la ville. Les chrétiens furent un moment dans un éminent danger d'être mis complétement en déroute; mais heureusement l'adelantado de Murcie se jeta avec une forte division de cavalerie et d'infanterie entre les poursuivants et les poursuivis, couvrant la retraite de ceux-ci et leur donnant ainsi le temps de se rallier. Les Maures furent à leur tour si vigoureusement attaqués, qu'ils abandonnèrent ce combat inégal et rentrèrent lentement dans la ville. Plus d'un vaillant chevalier fut tué dans cette escarmouche; dans ce nombre il faut citer don Philippe d'Aragon, maître de la chevalerie de Saint-George de Montesor. C'était un fils naturel du frère illégitime du roi, don Carlos, et sa mort fut très sensible à Ferdinand. Il avait été d'abord archevêque de Palerme, mais avait laissé la tiare pour la cuirasse; il avait ainsi, selon Antonio Agapida, gagné la glorieuse couronne du martyre en mourant dans cette sainte guerre.

Ce chaud accueil de son avant-garde par le vieux El Zagal, força Ferdinand à faire une halte. Il campa sur les bords de la rivière voisine Guadalentin, et commença à se demander s'il avait été prudent d'entreprendre cette campagne avec les forces dont il disposait. Son dernier succès l'avait rendu probablement trop confiant. El Zagal lui avait de nouveau rappelé cette prudence qui était le fond de son caractère. Il vit que le vieux guerrier était trop fortement établi dans Baza pour être délogé, si ce n'est par une très forte armée, et de l'artillerie de siége; il craignit donc, en persistant dans son entreprise, d'amener sur son armée de nouveaux malheurs, soit par des attaques de l'ennemi, soit par suite des maladies pestilentielles qui régnaient dans diverses parties du pays.

Ferdinand se retira donc de Baza, comme il l'avait fait une première fois de Loxa, le tout par mesure de sagesse, mais non par reconnaissance envers ceux qui l'y contraignaient, et avec la résolution bien arrêtée de reprendre sa revanche sur ces professeurs de prudence.

Il prit ses mesures pour assurer la tranquillité des villes qu'il avait conquises dans cette campagne, y plaçant de fortes garnisons, bien armées, bien approvisionnées, recommandant aux alcaydes d'être vigilants à leurs postes, et de ne donner aucun repos à l'ennemi. Toute la frontière fut placée sous le commandement du brave Luis Fernandez Puerto Carrero. Comme il était évident, d'après le caractère belliqueux d'El Zagal, que le service serait rude et que les combats ne manqueraient pas, un grand nombre de jeunes hidalgos, désireux de se distinguer, restèrent avec Puerto Carrero.

Toutes ces dispositions étant arrêtées, le roi Ferdinand ferma la douteuse campagne de cette année-là, non pas en s'en retournant, comme d'habitude, triomphalement, à la tête de son armée, à quelque ville importante de ses domaines; mais en licenciant ses troupes, et en se préparant à prier au pied de la croix de Caravaça.

CHAPITRE LXIX

Tandis que le pieux roi Ferdinand, observe fray Antonio Agapida, s'humiliait devant la croix et priait dévotement pour la destruction de ses ennemis, ce fier païen El Zagal, préparant son bras de chair et son épée d'acier, continuait ses attaques diaboliques contre les chrétiens. L'armée n'avait pas plus tôt été congédiée, qu'El Zagal sortit de sa forteresse, et porta le fer et le feu dans toutes les parties du pays qui s'étaient soumises à la domination espagnole. Le château de Nixar, gardé avec peu de vigilance, fut enlevé par surprise et sa garnison passée au fil de l'épée. Le vieux guerrier porta le ravage avec une fureur sanguinaire sur toute la frontière, attaquant les convois, égorgeant, blessant, faisant des prisonniers, et se jetant par surprise sur les chrétiens partout où ils n'étaient pas en défense.

L'alcayde de la forteresse de Callar, confiant dans la solidité de ses murailles et de ses tours, et dans la position difficile de cette forteresse bâtie au sommet d'une haute

entreprirent de ravager le pays appartenant aux sujets de Boabdil, et les places que celui-ci avait récemment rendues aux chrétiens. Ils enlevèrent du bétail, firent des prisonniers et inquiétèrent toute la frontière nouvellement conquise.

Les Maures d'Almeria, de Tavernas et de Purchena firent aussi des incursions dans la Murcie, et portèrent le fer et le feu dans ses plus fertiles parties, pendant que sur la frontière opposée, au milieu des sauvages vallées et des retraites escarpées de la Sierra Bermeja, ou montagnes rouges, un grand nombre de Maures, récemment soumis, avaient de nouveau pris les armes. Le marquis de Cadix, avec une vigilance opportune, comprima la révolte dans la ville de Gaussen, située dans la montagne, au haut d'un pic élevé, presque au milieu des nuages; mais d'autres Maures s'étaient fortifiés dans les tours et dans les châteaux bâtis sur des rochers, et habités seulement par des garnisons, d'où ils faisaient une guerre continuelle de déprédation, se jetant soudain dans les vallées, emportant des troupeaux, et toutes sortes de butin, dans ces nids d'aigles, où il était dangereux et inutile de les poursuivre.

Le vénérable fray Antonio Agapida termine ainsi son histoire de cette fatale année, si différente de la période triomphante, dans le récit de laquelle il avait été accoutumé à exalter les victorieuses campagnes des souverains : « Les orages et les tempêtes, dit ce chroniqueur, qui s'abattirent, à cette époque, sur le royaume de Castille et d'Aragon, furent nombreux et puissants. Il semblait que les fenêtres du ciel fussent de nouveau ouvertes, et qu'un second déluge accablât la nature. Les nuages éclatèrent, comme des cataractes sur la terre; les torrents se précipitèrent du haut des monta-

colline et entourée de précipices, s'aventura à quitter son poste. Le vigilant El Zagal se trouva tout à coup transporté devant Callar avec des forces imposantes. Il se jeta comme la tempête dans la ville, l'épée à la main, combattit les chrétiens de rue en rue, et les poursuivit avec des pertes considérables jusqu'à la citadelle. Là, un vieux capitaine, nommé Juan de Avalos, soldat à tête blanche, éprouvé dans plus d'un combat, prit le commandement et se défendit avec énergie. Ni le nombre des ennemis, ni la violence de leurs attaques, quoiqu'ils fussent conduits par le terrible El Zagal lui-même, ne purent ébranler le courage de ce vaillant vieux soldat.

Les Maures minèrent les murailles extérieures et une des tours de la forteresse, et pénétrèrent dans la courtine extérieure. L'alcayde garnit d'hommes le haut de ses tours, et fit couler sur les assaillants de la résine liquide, en même temps qu'une pluie de dards, de flèches, de pierres et toutes sortes de projectiles. Les Maures furent obligés de battre en retraite hors de la courtine, mais renforcés par de nouvelles troupes, ils revinrent à l'assaut. Ce combat dura cinq jours. Les chrétiens étaient harrassés, mais ils étaient soutenus par le courage de leur vieil alcayde, et en outre, redoutaient la mort de la part d'El Zagal, s'ils se rendaient. Enfin, l'arrivée de forces considérables, sous les ordres de Puerto Carrero les tira de ce pas dangereux. El Zagal renonça à l'assaut, mais dans sa colère et dans son désappointement, il mit le feu à la ville, et se retira dans la citadelle de Guadix.

L'exemple d'El Zagal, excita l'activité de ses partisans. Deux intrépides alcaydes maures, Ali Altar et Yza Altar, commandants des forteresses d'Alhenden et de Salobrenna,

gnes, dévastant les vallées. Les ruisseaux se convertirent en rivières pluvieuses; les maisons furent renversées, les moulins furent démolis par les cours d'eau qui les alimentaient, les bergers désolés virent leurs troupeaux noyés au milieu des pâturages et furent obligés, pour sauver leur vie, de se réfugier dans les tours et dans les villes hautes. Le Guadalquivir, pendant un moment, sembla une mer rugissante et tumultueuse, inondant l'immense plaine de la Tablada et remplissant de terreur la belle cité de Séville.

« Un gros nuage noir se promenait au dessus de la terre, accompagné d'un ouragan et d'un tremblement de terre. Des maisons furent renversées, les murailles et les remparts des forteresses ébranlées et de hautes tours tremblèrent sur leurs bases. Les navires à l'ancre furent ou jetés à la côte ou dispersés. D'autres sous voiles devinrent le jouet des montagnes de vagues, et lancés sur le rivage où la tempête les mit en pièces et dispersa leurs débris dans l'air. Partout où passa ce sinistre, le désastre fut des plus affligeants et la terreur immense; il laissa une longue trace de désolation sur terre et sur mer. Quelques timides, ajoute fray Antonio Agapida, virent dans ce bouleversement des éléments un événement prodigieux hors de nature. Dans leur faiblesse et leurs craintes, ils le firent coïncider avec les troubles qui éclatèrent dans diverses localités, le considérant comme le signe de quelque grande calamité qui devait venir de la main sanglante d'El Zagal et de ses féroces partisans. »

CHAPITRE LXX

L'hiver de 1489, qui avait été si mauvais, finissait, et le printemps commençait; pourtant les chemins avaient été détruits par les grandes pluies; les ruisseaux des montagnes étaient devenus des torrents, et les rivières, autrefois si peu profondes et si tranquilles, étaient profondes, impétueuses et dangereuses. Les troupes chrétiennes avaient été mandées pour s'assembler au commencement du printemps aux frontières de Jaën, mais elles n'arrivaient que lentement. Elles se trouvaient embarrassées dans les défilés bourbeux des montagnes, ou s'impatientaient sur les bords des rivières devenues infranchissables. Ce ne fut que vers la fin de mai que l'armée fut assez nombreuse pour essayer l'invasion projetée; elle se composait de treize mille chevaux et de quarante mille fantassins, qui passèrent gaîment la frontière. La reine resta à Jaën avec le prince royal, et les princesses ses enfants; elle était accompagnée et soutenue par le vénérable cardinal d'Espagne et par les révérends prélats

qui lui servaient de conseil pendant cette guerre sainte. Le
roi Ferdinand avait le dessein de mettre la ville de Baza,
qui était la clef des dernières possessions du Maure, en état
de siége. Une fois qu'il se serait rendu maître de cette forteresse si importante, la conquête de Guadix et d'Almeria ne
devrait pas être longue, et alors la puissance d'El Zagal serait
finie. Le roi catholique commença par se rendre maître des
châteaux et forteresses qui se trouvaient dans les environs
de Baza, et qui, sans cela, auraient pu inquiéter, harasser
son armée. Quelques-unes, surtout Cuxar, se défendirent
avec obstination. Les chrétiens attaquèrent les murailles
avec diverses machines, afin d'en saper les fondements et de
les détruire. Le brave alcayde Hubec Adalgar lui opposa
force pour force et engin pour engin. Il mit sur les remparts de ses tours ses plus braves soldats qui firent pleuvoir
des pluies de fer sur l'ennemi ; il attacha ensemble des chau-
drons plein de feu qui consumèrent les engins de bois des
assaillants, et ceux qui en étaient chargés. Le siége dura
plusieurs jours. La bravoure de l'alcayde ne put sauver la
forteresse d'un ennemi qui disposait de forces si nombreuses,
mais elle lui procura une capitulation honorable. Ferdinand
permit à la garnison et aux habitants de sortir avec leurs
effets de Baza ; le vaillant Hubec Adalgar se rendit donc à
cette ville si dévouée avec le reste de ses troupes.

Le vieux Maure El Zagal avait pris avantage des diverses
circonstances qui avaient retardé l'armée envahissante ; il
sentait que c'était le dernier effort qu'il ferait pour sauver
son empire, et que cette campagne déciderait s'il resterait
roi, ou s'il deviendrait vassal.

El Zagal était à Guadix, qui se trouve à quelques lieues
de Baza. Cette ville était la plus importante du territoire qui

lui restait, étant une sorte de rempart entre lui et la ville ennemie de Grenade, le siége de gouvernement de son neveu. Quoiqu'il sût que Baza fût sur le point d'être attaquée, il n'osa aller lui même secourir cette ville. Il craignait que s'il quittait Guadix, Boabdil ne l'attaquât par derrière, tandis que l'armée chrétienne lui livrerait bataille par devant. El Zagal était persuadé que Baza pouvait résister énergiquement aux plus violents assauts ; il profita donc de la lenteur des chrétiens, pour l'approvisionner de tous les moyens de défense possibles. Il y envoya tous les soldats de la garnison de Guadix, dont il put disposer, et fit dans ses États appel à tous les vrais musulmans pour venir à Baza défendre leurs maisons, leurs liberté et leur religion. Les villes de Tavernas et de Purchena et les habitants des montagnes et des vallées des environs obéirent à ses ordres et envoyèrent leurs soldats au combat. Les forteresses de rochers des Alpuxarras se remplirent du bruit des armes. On voyait la cavalerie et l'infanterie descendre les rocs escarpés et raboteux et les défilés de ces montagnes de marbre et se diriger vers Baza. Plusieurs braves cavaliers de Grenade, méprisant le calme et la sécurité du vasselage chrétien, quittèrent secrètement cette ville et se hâterent d'aller rejoindre leurs compatriotes qui se battaient.

La plus grande confiance d'El Zagal était la bravoure et la loyauté de son beau-frère et cousin Cidi Yahye Alnazar Aben Zelim, qui était alcayde d'Alméria, un cavalier d'une grande expérience dans la guerre, et redoutable sur le champ de bataille. Il lui écrivit de quitter Alméria et de se rendre sans retard à la tête de ses troupes à Baza. Cidi Yahye partit de suite emmenant avec lui dix mille des Maures les plus braves de son royaume. C'étaient pour la plupart de hardis montagnards habitués au soleil et aux orages, qui avaient fait leurs

preuves dans plus d'un combat. Personne ne les égalait
pour une sortie ou dans une escarmouche. Ils étaient très
adroits pour exécuter mille stratagèmes, embuscades et
évolutions. Ils attaquaient avec impétuosité, mais dans
leur plus grande fureur ils obéissaient à un mot ou à un
signe de leur commandant; au son de la trompette ils s'ar-
rêtaient au milieu de leur course, faisaient volte-face et se
dispersaient, ensuite à un autre son de trompette ils se ras-
semblaient avec la même soudaineté et revenaient à la
charge. Ils étaient sur l'ennemi quand on les attendaient le
moins, arrivant comme la foudre, répandant le carnage et la
consternation et ensuite disparaissant en un instant; quand
on était remis du choc et que l'on regardait autour de soi,
on ne voyait de cette tempête de guerre, qu'un nuage de
poussière et le bruit des troupes qui fuyaient.

Quand Cidi Yahye entra dans Baza avec ses six mille
braves guerriers, on n'entendit que des cris de joie dans la
ville, et pendant quelque temps les habitants se crurent en
sécurité. El Zagal aussi reprit confiance quoiqu'il fût éloigné
de la ville. « Cidi Yahye, dit-il, est mon cousin et mon
beau-frère, il m'est uni par les liens du sang et par le ma-
riage; il est un second moi-même. Heureux le souverain
qui a un parent pour commander ses armées. » Avec tous
ces renforts, la garnison de Baza se montait à vingt mille
hommes. Il y avait dans la ville trois chefs principaux :
Mohammed ben Hassan, surnommé le Vétéran, qui était le
gouverneur militaire, un vieux Maure d'une grande expérience et de beaucoup de discrétion; le second, Abu Hali,
était capitaine des troupes qui stationnaient sur la place; et
le troisième, Hubec Adalgar, était le vaillant alcayde de
Cuxar, qui était arrivé à Baza avec le reste de sa garnison.

Cidi Yahye, étant du sang royal, était le maître souverain et avait la confiance de Muley-Abdallah el Zagal. Il était éloquent et ardent dans les conseils; il aimait les exploits magnifiques et qui avaient du retentissement; mais il se laissait emporter par l'excitation du moment et la chaleur de son imagination. Les conseils de ces chefs étaient plus fréquemment contrôlés par le vieil alcayde Mohammed ben Hassan, pour lequel Cidi Yahye, qui connaissait sa sagesse, sa prudence et son expérience, avait la plus grande déférence. La ville de Baza était située dans une vallée spacieuse, ayant huit milles de longueur et trois milles de largeur; elle s'appelait le Hoya ou bassin de Baza. Elle était entourée d'une chaîne de montagnes appelée Sierra Xabalcohol, dont les ruisseaux formaient deux rivières qui arrosaient et fertilisaient le pays. La ville était bâtie dans une plaine, mais une partie se trouvait protégée par des montagnes escarpées et par une formidable forteresse, l'autre était défendue par des murailles massives et d'immenses tours. Elle avait, du côté de la plaine, des faubourgs mal fortifiés par des murailles de terre. Vis à vis de ces faubourgs, il y avait à peu près une lieue de terrain qui se composait de vergers et de jardins si touffus qu'ils ressemblaient à une forêt. Ici, chaque citoyen qui en avait les moyens avait sa petite plantation et son jardin à fruits, à fleurs et à légumes, qui étaient arrosés par des canaux et des ruisseaux, et dominés par de petites tours qui servaient de récréation ou de défense. Cette forêt de bocages et de jardins, entrecoupés de toutes parts par des canaux et des ruisseaux, et ayant au moins mille petites tours, formait une sorte de protection à ce côté de la ville, et en rendait l'approche très difficile et fort embarrassant, en même temps qu'il offrait un abri à ses défenseurs.

Pendant que l'armée des chrétiens était retenue devant les postes des frontières, la ville de Baza se préparait énergiquement à la lutte. On fit rentrer tous les grains qu'il y avait dans les vallées, même celui qui n'était pas mûr, afin que l'ennemi n'en profitât pas. On voyait de toutes parts arriver des troupeaux de bêtes de somme portant des vivres, des lances, des dards et des armes de toutes sortes. On avait ramassé assez de munitions pour tenir le siége pendant quinze mois, et pourtant les préparatifs continuaient toujours, que l'armée de Ferdinand était à peu de distance de la ville.

D'un côté, l'on voyait des troupes de chevaliers à pied et à cheval galopant vers les portes, des muletiers pressant vivement les animaux chargés, tous fort soucieux de se mettre à l'abri avant l'arrivée de l'orage. De l'autre côté, l'on entendait le bruit des armes, le roulement du tambour et le son de la trompette résonner par moments dans les profondeurs de la vallée; on voyait, semblable à des éclairs, le rayonnement des armes jaillir de ses colonnes. Le roi Ferdinand dressa ses tentes dans la vallée, au delà du labyrinthe vert formé par les jardins. Il envoya ses héraults sommer la ville de se rendre, promettant aux assiégés les termes les plus favorables s'ils acceptaient ses offres sur l'heure; et en cas de refus, affirmant solennellement ses intentions bien arrêtées de ne pas lever le siége avant d'avoir pris possession de la ville.

A la réception de cette sommation les chefs des Maures tinrent un conseil de guerre. Le prince Cidi Yahye, furieux de la menace du roi, voulait répondre que la garnison ne se rendrait pas, mais se battrait jusqu'à ce qu'elle fût ensevelie sous les murailles. Pourquoi, dit le vénérable

Mohammed, faire une pareille déclaration quand il se pourrait que nous fussions obligés d'agir de façon à lui donner un
démenti? D'après cet avis, on envoya une réponse très
laconique au monarque chrétien, le remerciant des conditions honorables qu'il offrait, mais lui disant qu'ils étaient
dans la ville pour la défendre et non pour la livrer.

CHAPITRE LXXI

A la réception de la réponse des commandants maures, le roi Ferdinand se prépara à presser vigoureusement le siége. Trouvant que son camp était trop éloigné de la ville et que les vergers offraient un abri aux Maures, quand ils faisaient des sorties, il se détermina à avancer au delà des jardins, de façon que ses batteries pussent agir librement contre les murs de la ville. Il envoya un détachement en avant pour prendre les jardins, et afin de réprimer les faubourgs s'ils s'opposaient aux sorties pendant qu'il formait et fortifiait son camp. Les jeunes cavaliers marchèrent hardiment en avant, mais les vétérans expérimentés firent observer qu'il pouvait y avoir un grand danger dans le dédale de ce labyrinthe verdoyant. Le maître de Santiago, en conduisant ses troupes au centre des jardins, les exhorta à rester le plus près possible les unes des autres, et à marcher résolûment malgré toute difficulté ou danger, les assurant que Dieu leur donnerait la victoire si elles attaquaient avec hardiesse et persistaient avec résolution.

Ils avaient à peine mis pied dans les vergers, que l'on

entendit du côté des faubourgs, le bruit des tambours et des trompettes mêlé au cris de guerre, puis l'on vit déboucher une légion de guerriers maures à pied, conduite par Cidi Yahye. Ce prince vit le danger éminent auquel serait exposée la ville si les chrétiens s'emparaient des vergers.

— Soldats, s'écria-t-il, nous nous battons pour la vie, pour la liberté, et pour nos familles. Nous n'avons à nous fier qu'à la force de nos bras, au courage de nos cœurs et à la protection d'Allah.

Les Maures répondirent par leurs cris de guerre aux paroles de leur chef et s'élancèrent en avant. Les deux armées se rencontrèrent dans les jardins, et une mêlée terrible s'ensuivit, dans laquelle se confondaient les lances, les arquebuses, les arbalètes et les cimeterres. L'inégalité du terrain coupé et entrecoupé par des canaux et des ruisseaux, les arbres très rapprochés, les nombreuses petites tours et autres édifices, donnaient plus d'avantage aux Maures qui étaient à pied qu'aux chrétiens qui étaient à cheval. Ensuite les Maures connaissaient le terrain, toutes ses allées et ses passes, ce qui leur permettait d'être aux aguets, de faire des sorties, d'attaquer et de battre en retraite sans presque éprouver de pertes; ce que voyant, les chefs chrétiens firent mettre pied à terre à leurs troupes.

La bataille continua alors avec acharnement, chaque homme faisant bon marché de sa vie, pourvu qu'il tuât son ennemi. Ce n'était pas tant une bataille générale, qu'une quantité de petites mêlées, chaque jardin et chaque verger ayant son combat différent. Personne ne pouvait voir au delà de la petite scène de furie et de carnage qui se passait autour de lui, ou savoir comment la bataille se passait. C'était en vain que le capitaine parlait, en vain que les trom-

pettes sonnaient des ordres et des signaux; on n'entendait
rien; tout se confondait dans le bruit et le tapage universel,
personne ne restait près de son étendard; on se battait
selon que la peur ou la fureur y poussait.

Sur certains points, les chrétiens avaient l'avantage, sur
d'autres, c'étaient les Maures. Souvent les vainqueurs, en
poursuivant les vaincus, rencontraient l'ennemi plus nombreux et vainqueur aussi de son côté; alors les fuyards se
joignaient à leurs compatriotes et les écrasaient par leur
nombre. Quelques-uns, dans cette confusion, poussés par
la peur et ne pouvant, dans l'obscurité qui couvrait les
bosquets, distinguer leurs amis de leurs ennemis, se sépa-
raient des leurs et allaient chercher un refuge dans le camp
opposé. Les Maures étaient les plus adroits dans ces mêlées
sauvages, à cause de leur flexibilité, de leur légèreté, de la
rapidité avec laquelle ils se dispersaient et revenaient à la
charge.

Le plus fort de la bataille se trouvait être dans les petits
jardins et pavillons qui servaient d'autant de forteresses. Les
chrétiens et les Maures en devenaient possesseurs tour à
tour, les défendaient avec fureur, et en étaient ensuite chassés. Plusieurs des tours furent incendiées, ce qui augmenta
l'horreur du combat par les flammes et la fumée qui enve-
loppaient les bosquets, et par les cris de ceux qui étaient
brûlés.

Plusieurs des chevaliers chrétiens, embarrassés au milieu
du tumulte et de la confusion qui régnaient, éperdus
d'assister à un tel carnage, auraient conduit leurs hommes
au combat, mais ils étaient embrouillés dans le labyrinthe et
ne savaient comment en sortir.

A ce moment, le porte-aigle d'un des escadrons du cardinal eut le bras emporté par un boulet de canon ; l'étendard serait tombé aux mains de l'ennemi, si un chevalier intrépide, le jeune fils naturel du cardinal, ne s'était élancé à travers les balles, les lances et les arbalètes, pour le ressaisir, et le tenant en l'air, se précipita avec ses soldats au plus fort du combat.

Le roi Ferdinand, qui était resté à l'entrée des vergers, était très inquiet. La quantité d'arbres et de tours, ainsi que la fumée, empêchaient de voir ce qui se passait ; ceux qui étaient vaincus ou blessés faisaient des récits différents, selon que dans la mêlée où ils s'étaient engagés ils avaient été ou vainqueurs ou vaincus. Ferdinand fit tout son possible pour ranimer et encourager ses troupes ; il envoya des renforts d'hommes et de chevaux, là où la bataille se trouvait être la plus douteuse et le carnage le plus grand. Parmi ceux qui furent mortellement blessés, se trouvait don Juan de Lara, un jeune homme d'un grand mérite, très aimé de l'armée, et dont le roi faisait grand cas ; ce chevalier était marié depuis peu à une jeune femme d'une grande beauté. On le conduisit au pied d'un arbre, et l'on essaya d'arrêter le sang qui coulait à flots, avec une écharpe que sa femme lui avait brodée ; mais tous ces soins furent inutiles ; tandis qu'un moine lui donnait l'extrême-onction, il expira presque aux pieds de son souverain.

Mohammed ben Hassan, entouré de quelques chefs, regardait, lui aussi, des murailles de la ville la scène du combat. La bataille avait déjà duré sans interruption douze heures. On ne voyait à travers le feuillage qui cachait les combattants que les éclairs jaillissant des épées et des casques. La fumée qui s'élevait de toutes parts, le cliquetis des armes et des arquebuses, les cris des combattants, les plaintes et les supplications des mourants ne disaient que trop le carnage horrible qui se livrait dans les bosquets. Les pleurs et les lamentations des femmes maures et de leurs enfants, à la vue de leurs parents blessés qu'on leur amenait, ajoutaient au trouble général ; et quand le corps inanimé de Redoun Zalfarga, chrétien rénégat et un de leurs plus braves généraux fut rapporté, un long cri de détresse s'éleva parmi les combattants.

Enfin l'on entendit le bruit des armes se rapprocher de la lisière des vergers ; les Maures, chassés par les chrétiens, après avoir disputé le terrain pied à pied, se réfugièrent dans l'espace qui se trouvait entre les bosquets et les faubourgs ; cet endroit était protégé par des palissades.

Les chrétiens, de leur côté, se hâtèrent de planter des palissades et établirent des postes près du retrait des Maures ; le roi Ferdinand donna des ordres pour que son camp fût établi dans ces vergers qui avaient coûté tant de sang.

Mohammed ben Hassan fit une sortie pour venir en aide au prince Cidi Yahye, et tenta un effort désespéré pour déloger l'ennemi des bosquets ; mais comme la nuit arrivait, les ténèbres empêchèrent les Maures d'agir avec efficacité ; ils harassèrent, néanmoins, toute la nuit, les chrétiens qui, fatigués de la journée, ne purent goûter un moment de repos.

CHAPITRE LXXII

Le soleil levant éclaira, le lendemain, un bien triste tableau. Les postes des chrétiens ayant été tenus en éveil toute la nuit, les soldats étaient pâles et fatigués ; le nombre des morts disait combien le combat avait été acharné, et quelle bravoure les combattants avaient déployée.

Devant eux s'étendaient les bosquets et les jardins de Baza, naguère l'objet de la prédilection des Maures, et maintenant un lieu d'horreur et de désolation ; les tours et les pavillons n'étaient qu'un monceaux de ruines fumantes ; les canaux et les ruisseaux étaient rougis par le sang et embarrassés par les corps inanimés qui s'y trouvaient. La terre humide et portant l'empreinte des pas des hommes et des chevaux montrait où le combat avait été le plus acharné et le plus mortel ; tandis que Maures et chrétiens, défigurés par la mort, étaient étendus à moitié cachés entre les arbustes, les fleurs et l'herbe brisés et foulés par leurs pieds.

Au milieu de ces scènes sanglantes, on voyait les tentes

des chrétiens, qui avaient été dressées, la veille, dans les jardins. Mais l'expérience qu'ils avaient faite pendant la nuit du péril et de la fatigue que cet emplacement leur causerait, et l'air de désolation qui y régnait, décidèrent le roi Ferdinand, après avoir consulté ses chevaliers les plus expérimentés, à abandonner les jardins.

Ce n'était pas chose facile, en face d'un ennemi aussi alerte et aussi téméraire, de faire sortir son armée d'une situation aussi difficile. On fit bonne garde du côté de la ville ; des troupes furent envoyées aux postes avancés, et l'on fit semblant de commencer des travaux comme si l'on devait y établir le camp, seulement on ne dressa pas de tentes. On mit la plus grande diligence à transporter tout le bagage et les meubles à l'ancien camp.

Toute la journée, pendant qu'à la vue des Maures, les chrétiens déployaient des forces formidables dans les jardins, leurs tentes et les bannières des chevaliers se dressaient rapidement dans la vallée. Tout à coup, vers le soir, les tentes furent enlevées, les postes avancés quittèrent les jardins, et toute trace du camp disparut à vue d'œil.

Les Maures s'aperçurent trop tard de la manœuvre habile du roi Ferdinand. Cidi Yahye fit une nouvelle sortie avec de nombreuses troupes de cavalerie et d'infanterie, et pressa les chrétiens avec fureur. Mais ceux-ci, connaissant la façon d'attaquer des Maures, serrèrent leurs rangs, se retournant quelquefois sur l'ennemi, les chassant vers leurs barricades, puis continuant leur retraite. De cette façon l'armée se retira, sans de grandes pertes, du labyrinthe des jardins. Le camp était maintenant hors de danger, mais il se trouvait aussi trop loin de la ville pour causer grand mal aux Maures, qui, de leur côté pouvaient faire des sorties et rentrer chez eux sans trop de danger. Le roi assembla un conseil de guerre, afin de délibérer sur ce qu'il serait mieux de faire. Le marquis de Cadix conseillait de lever le siége pour le moment; la ville était trop forte, avait une trop bonne garnison, était trop bien pourvue de toutes choses nécessaires, et surtout avait une trop grande étendue de terrain pour qu'il fût possible de la prendre d'assaut, la réduire par la famine, ou l'investir avec le peu de forces dont le roi disposait; tandis que s'il persistait, l'armée se trouverait exposée aux maladies et aux souffrances auxquelles des troupes assiégeantes sont sujettes, et quand les pluies arriveraient, elles se trouveraient enfermées entre les deux rivières. Il était d'avis que le roi mit des garnisons de cavalerie et d'infanterie dans les villes qu'il avait conquises, aux environs de Baza, afin de faire des sorties contre la ville; tandis que le roi, de son côté, parcourrait et ravagerait toute la contrée, de sorte que l'année suivante Almeria et Guadix, privées de leurs villes tributaires et réduites par la famine, feraient leur soumission.

Don Gutière de Cardevas, commandant en chef de Lara, ne croyait pas que l'on dût abandonner le siége; il craignait que l'ennemi, y voyant un signe de faiblesse et d'irrésolution, n'y puisât un nouveau courage, et n'en profitât pour gagner à sa cause beaucoup des sujets de Boabdil, jusqu'ici hésitants et irrésolus, si cette retraite n'encourageait même pas les habitants volages de Grenade à une rébellion ouverte. Il conseillait donc de continuer à pousser le siége avec vigueur.

L'orgueil de Ferdinand le faisait approuver ce dernier avis; il disait que ce serait une double humiliation que de s'en revenir de cette campagne, sans avoir frappé un seul coup. Mais le souvenir de ce que son armée avait souffert et devrait encore souffrir s'il continuait le siége, de la difficulté d'obtenir régulièrement des vivres pour tant de monde à travers un pays sauvage et montagneux, l'engagea à se rendre à l'avis du marquis de Cadix.

Quand l'armée sut que le roi, mu par les souffrances de l'armée, levait le siége pour lui en épargner de nouvelles, l'enthousiasme fut à son comble, et les troupes le supplièrent de ne pas lever le siége que la ville ne se fût rendue.

Ferdinand, embarrassé par ces différents conseils, envoya un messager à la reine, lui demandant son avis. On avait établi des postes pour que la reine pût recevoir des nouvelles en dix heures. La réponse d'Isabelle ne se fit pas attendre. Elle laissait à décider au roi et à ses capitaines s'ils devaient ou non continuer le siége; mais s'ils se décidaient à prendre ce dernier parti, elle s'engageait avec l'aide de Dieu à leur envoyer des troupes, des vivres et tout ce qui pourrait leur être nécessaire.

La réponse de la reine décida Ferdinand à continuer la guerre; les soldats, quand il le leur annonça, en furent aussi contents que s'il se fût agi d'une victoire.

CHAPITRE LXXIII

Le prince maure Cidi Yahye avait été informé des irréso-
lutions et des discussions des chrétiens; il espérait que
l'armée assiégeante se retirerait en désespoir de cause; le
vétéran alcayde Mohammed secoua la tête avec incrédulité.

Un mouvement subit qui s'opéra le lendemain matin
dans le camp des chrétiens parut confirmer l'espoir du
prince. Les tentes étaient enlevées, l'artillerie et le bagage avaient été emportés, et une partie des troupes se
dirigeait vers la vallée. Mais la joie de Cidi Yahye fut de
courte durée. Le roi catholique avait divisé son armée en
deux camps, afin de mieux harasser l'ennemi. Quatre mille
hommes de cavalerie et huit mille fantassins avec de l'artillerie et des engins pour attaquer la ville, se placèrent d'un
côté de la ville vers la montagne. Ces troupes étaient commandées par le vaillant marquis de Cadix, ayant sous ses
ordres don Alonzo de Aguilar, Luis Fernandez Puerto
Carrero, et plusieurs autres chevaliers distingués.

L'autre camp avait le roi pour chef; il était composé de six mille hommes de cavalerie et de toute une armée de fantassins, les hardis montagnards de Biscaye, de Guipuscoa, de Gallicie et des Asturies. Le roi avait avec lui les braves comtes de Tendilla, don Rodrigo de Mendoza, et don Alonzo de Cardenas, maître de Santiago. Les deux camps étaient assez éloignés l'un de l'autre, c'est à dire aux deux extrémités de la ville; les vergers se trouvaient entre eux. Ils étaient tous deux fortifiés par des tranchées, par des parapets et des palissades. Le vétéran Mohammed, voyant ces fortifications s'élever de chaque côté de la ville, et reconnaissant les bannières des chevaliers qui flottaient au vent, consola ses compagnons. Ces camps, leur dit-il, sont trop éloignés les uns des autres pour qu'ils puissent venir en aide l'un à l'autre et agir ensemble, et la forêt de vergers est un golfe qui les divise. Mais cet espoir ne leur dura pas longtemps. A peine les chrétiens furent-ils fortifiés dans leurs camps, que les Maures furent tout surpris d'entendre le bruit de nombreuses haches, et le fracas d'arbres qui tombaient. Ils regardèrent anxieusement de leurs plus hautes tours, et virent leurs bosquets favoris qui s'abattaient sous les coups de hardis pionniers; ils firent une sortie pour protéger leurs vergers et leurs bosquets aimés; mais les chrétiens étaient trop bien soutenus pour qu'il fût possible de les chasser de leur ouvrage. Chaque jour, les jardins devenaient le théâtre de rencontres sanglantes; mais le roi Ferdinand, connaissant trop bien l'importance de faire tomber tous ces arbres, faisait poursuivre vivement cette entreprise. C'était un travail gigantesque et demandant beaucoup de patience; les arbres étaient très hauts et très serrés, et tenaient une si grande étendue de terrain, que quoique quatre mille hommes y travaillassent, ils ne déblayaient que la largeur de dix pas par jour ; puis ils étaient assaillis si souvent par les Maures, que quarante jours se passèrent avant que tous les vergers fussent détruits.

La malheureuse ville de Baza était maintenant dépouillée de tous ses beaux vergers et jardins, autrefois son orgueil, et qui la protégaient si bien. Les assiégeants continuèrent lentement, mais avec une patience incroyable à isoler et à investir la ville. Ils mirent leurs deux camps en communication par une tranchée d'une lieue de longueur, à travers la plaine, dans laquelle ils détournèrent l'eau qui venait des montagnes.

Ils protégèrent cette tranchée par des palissades, et la fortifièrent avec quinze forts qu'ils bâtirent à distances égales. Ils creusèrent aussi un profond fossé de deux lieues de longueur, qui s'étendait d'un camp à l'autre, à travers la montagne, derrière la ville, et le fortifièrent de chaque côté avec des murailles de terre, de pierre et de bois. Les Maures se trouvèrent ainsi enfermés de tous côtés par des tranchées, par des palissades, par des forts, ils ne pouvaient faire de sorties, et aucun secours ne pouvait leur arriver. Ferdinand essaya aussi de détourner les sources d'eau de la ville, « car l'eau, dit avec raison, l'estimable Agapida » est plus nécessaire à ces infidèles que le pain ; leur religion leur ordonne de se laver plusieurs fois par jour, ils prennent des bains et s'en servent de mille autres manières aussi ridicules et dont nous autres chrétiens espagnols nous nous soucions peu. »

Il y avait une belle fontaine d'eau pure qui jaillissait au pied du mont Albohacin, derrière la ville. Les Maures avaient une tendresse presque superstitieuse pour cette fontaine qui

leur fournissait presque toute l'eau qui leur était nécessaire ;
ayant été informés par des déserteurs de l'armée du roi Ferdinand qu'il se proposait de prendre possession de cette
précieuse fontaine, ils sortirent la nuit et firent de tels travaux sur le mont, que les chrétiens durent y renoncer.

CHAPITRE LXXIV

Le siége de Baza qui prouvait la science et l'habileté des commandants chrétiens ne permettait pas aux chevaliers espagnols de faire valoir leur esprit aventureux et leur valeur fougueuse. La monotonie ennuyeuse et la sécurité si peu amusante de leur camp fortifié, les faisait murmurer ; ils désiraient ardemment quelque exploit dangereux et difficile ; deux surtout de ces jeunes chevaliers s'impatientaient encore plus que les autres : l'un était François de Bazan, l'autre Antonio de Cueva, fils du duc d'Alburquerque. Un jour, assis sur les remparts de leur camp, ils disaient combien la vie d'inaction qu'ils menaient les ennuyait ; un vieil adalide, un de ces guides qui connaissent tout le pays les entendit.

— Señores, leur dit-il, vous paraissez désirer courir les hasards d'aventures où il y aurait de la gloire à acquerir et du butin à faire ; si vous voulez tirer par la barbe le vieux Maure, je vous conduirai où vous pourrez faire preuve de courage. Il y a près de Guadix plusieurs riches hameaux ; je puis vous faire passer par un chemin où vous pourrez tomber sur eux à l'imprévu, et si vous avez autant de sang-froid que d'ardeur, vous pourrez emporter les dépouilles sous les yeux mêmes d'El Zagal.

L'idée de pouvoir piller aux portes même de la ville plut aux impétueux jeunes gens; ces excursions voraces étaient à cette époque très communes, et les Maures de Padul, d'Alhenden et autres villes d'Alpuxarras faisaient de semblables excursions sur le territoire des chrétiens. D'autres jeunes gens se joignirent volontiers à Francisco de Bazan et à Antonio de Cueva qui rassemblèrent près de trois cents cavaliers et deux cents fantassins, tous désireux de faire partie de l'expédition.

Ils sortirent secrètement de la ville vers le soir et, éclairés par la lune, passèrent par les chemins les moins connus de la montagne. Ils marchèrent vivement, et un matin, au soleil levant, tombèrent sur les hameaux, firent prisonniers les habitants, pillèrent les maisons, dévastèrent les champs, et rassemblant tous les troupeaux, sans se donner le temps de se reposer, ils se dirigèrent vers la montagne où ils espéraient arriver avant qu'il fût possible à l'ennemi de les poursuivre.

Mais El Zagal avait été informé par quelques bergers de ce qui se passait; furieux, il expédia aussitôt six cents de ses meilleurs cavaliers et fantassins, avec ordre de reprendre aux chrétiens le butin qu'ils emportaient, et d'amener ces insolents maraudeurs à Guadix. Les Espagnols, en ce moment, conduisant leurs troupeaux, gravissaient la montagne aussi vite que leur permettait leur force; en se retournant, ils virent une nuée de poussière, et bientôt aperçurent les Maures à leur poursuite.

Ils virent bien que l'ennemi leur était supérieur en force,

il n'était pas d'ailleurs fatigué par une marche forcée de deux jours et de deux nuits. Plusieurs des cavaliers entourèrent leur chef, lui conseillant d'abandonner le butin et de se sauver. Les capitaines Francisco de Bazan et Antonio de Cueva, rejetèrent avec mépris ces lâches conseils.

— Quoi, s'écrièrent-ils, abandonner notre proie sans frapper un coup ! Laisser nos cavaliers au pouvoir de l'ennemi ! Si quelqu'un donne ce conseil par peur, il se trompe, car il y a moins de danger à faire face à l'ennemi, qu'à lui tourner le dos ; il y a toujours moins d'hommes tués quand on avance bravement, que quand on fait une retraite honteuse.

Plusieurs des chevaliers furent touchés par ces paroles, et déclarèrent qu'ils resteraient comme de bons compagnons d'armes avec les fantassins. Mais malheureusement la plus grande partie des soldats étaient des volontaires, que le hasard avaient rapprochés, et qui, ne recevant pas de paie au moment du danger, n'étaient retenus par aucun lien. Le plaisir qu'ils attendaient de l'expédition étant fini, chacun ne s'occupa plus que de soi ; tout le monde émettait des opinions différentes, et la confusion régnait partout. Pour mettre fin à toutes ces disputes, les capitaines ordonnèrent aux porte-aigles d'avancer contre les Maures, sachant qu'un vrai chevalier n'hésiterait pas à suivre et à défendre son drapeau. Le porte-aigle hésita, les troupes allaient fuir, quand un capitaine de la garde royale, Hernando Perez del Pulgar, alcayde de la forteresse de Salar, s'élança à la tête des troupes, défit un foulard qu'il portait à la mode d'Andalousie, et l'attachant au bout de sa lance, l'éleva en l'air :

— Chevaliers, dit-il, pourquoi mettre l'épée à la main, si vous vous fiez à la fuite pour votre salut. Ce jour montrera lesquels de vous sont des braves et lesquels sont des poltrons ;

celui qui veut se battre ne manquera pas de drapeau, qu'il suive ce mouchoir.

Disant ces mots, il agita son étendard et s'avança bravement contre les Maures. Son exemple fit honte à quelques-uns, et remplit les autres d'une émulation généreuse. Tous d'un commun accord suivirent le vaillant Pulgar, et s'élancèrent contre l'ennemi.

Les Maures attendirent à peine le choc de la rencontre ; une terreur panique s'empara d'eux et ils s'enfuirent ; les chrétiens les poursuivirent assez longtemps et en tuèrent trois cents, dont ils prirent les dépouilles ; ils firent aussi bon nombre de prisonniers. Les chevaliers chrétiens s'en retournèrent au camp en triomphe avec de nombreux troupeaux, des mules chargées de butin, et précédés du singulier étendard qui les avait conduits à la victoire.

Quand le roi Ferdinand fut informé de la conduite courageuse de Hernando Perez del Pulgar, il le fit chevalier sur le champ, et ordonna qu'en souvenir de cette belle action, il aurait pour blason une lance, avec un château et douze lions. Ceci est un des nombreux exploits que fit ce brave chevalier dans la guerre contre les Maures, et qui lui valut une grande renommée, et le surnom « d'El de los Hazanas, » ou l'homme aux exploits (1).

(1) Quelques historiens confondent ce chevalier avec Hernando del Pulgar, historien et sécrétaire de la reine Isabelle, qui, lui aussi était présent au siége et qui raconte ce fait d'armes dans ses chroniques des souverains catholiques Ferdinand et Isabelle.

CHAPITRE LXXV

Le vieux roi maure El Zagal était monté sur une tour pour jouir du spectacle des maraudeurs chrétiens ramenés captifs dans la ville de Baza, mais sa joie tomba bientôt quand il vit, au contraire, ses troupes battues et rentrer tristement vers le soir par bandes.

Les chances de la guerre ne favorisaient pas le vieux roi. Les nouvelles désastreuses qui lui parvenaient chaque jour de Baza, la souffrance des habitants et le nombre des troupes tuées dans les sorties l'inquiétaient. Il n'osait aller lui-même les secourir, sa présence étant nécessaire à Cadix, pour servir de frein à son neveu Boabdil, qui régnait à Grenade. Il envoya néanmoins à Baza des troupes et des vivres, mais l'ennemi les intercepta, ou les força de retourner sur leurs pas.

La situation du vieux roi était pourtant préférable à celle de son neveu Boabdil; car il se battait en guerrier sur les dernières marches de son trône, tandis que celui-ci, renfermé dans le riche palais de l'Alhambra, où il se livrait aux voluptés, n'était en quelque sorte qu'un vassal pensionné. La partie chevaleresque des habitants de Grenade comparait la défense généreuse que faisaient pour leur pays et leur religion ceux de Baza, avec leur soumission au joug des infidèles; les nouvelles qui leur arrivaient des exploits de ses braves défenseurs leur torturait le cœur, et leur faisait monter au visage le rouge de la honte. Plusieurs partirent secrètement pour rejoindre les assiégés; et les partisans d'El Zagal agirent tellement sur l'esprit de ceux qui restaient, qu'il se forma une conspiration qui menaçait à chaque moment le trône de Grenade. Les conspirateurs devaient attaquer l'Alhambra, tuer Boabdil, ensuite assembler les troupes et marcher sur Guadix; là, se joignant à la garnison et conduits par le vieux roi, ils tomberaient avec une force irrésistible sur les chrétiens campés devant Baza. Heureusement que Boabdil découvrit la conspiration à temps; il fit décapiter les chefs et placer leurs têtes sur les murs de l'Alhambra; cette sévérité d'un roi si doux et peu énergique remplit de terreur les mécontents, et produisit dans la ville une tranquillité muette.

Le roi Ferdinand, informé de tout ce qui se concertait pour venir en aide aux assiégés, prit ses mesures pour traverser leurs projets. Il envoya des troupes dans les montagnes pour empêcher les volontaires généreux de Grenade et les vivres d'arriver à Baza; il fit élever à cet effet de petits blockhaus sur les hauteurs, et l'on y plaça des sentinelles, pour donner l'alarme dès qu'elles apercevraient l'ennemi.

Le prince Cidi Yahye et ses braves compagnons se trouvèrent ainsi séparés de leurs amis.

Des tours remplies de troupes entouraient la ville, et

entre les remparts et les palissades des soldats espagnols allaient et venaient continuellement. Néanmoins les semaines, les mois se succédaient, et Ferdinand attendait en vain que la fatigue ou a famine forçât les assiégés à se rendre ; chaque jour, au contraire, ils faisaient des sorties avec tout le courage de troupes bien nourries et pleines de confiance. Le vieux Mohammed ben Hassan disait à ses soldats :

— Le roi chrétien espère que nous perdrons courage, prouvons-lui, au contraire, que nous avons la même gaîté, la même énergie ; ce qui dans une autre situation serait de la témérité devient pour nous de la prudence.

Le prince Cidi Yahye était de la même opinion que le vieil alcayde ; il faisait avec ses troupes des sorties plus téméraires les unes que les autres. Il dressait des embûches, organisait des surprises, et livrait des combats incessants. Le grand développement des travaux élevés par les chrétiens faisait qu'il s'y trouvait des parties faibles. Les Maures les attaquaient toujours de ce côté, y faisaient des sorties inattendues, ravageant tout et emportant en triomphe le butin. Quelquefois fois ils sortaient derrière la ville, qui, de ce côté était difficile à garder, et descendant vivement dans la plaine, enlevaient les troupeaux paissant près des faubourgs. Dans ces rencontres sanglantes, don Alonzo de Aguilar et l'alcayde de los Donzeles se distinguèrent tous deux. Un soir que l'on se battait sur le versant de la montagne, Martin Galindo, un brave chevalier chrétien, vit un Maure colossal qui portait tout autour de lui des coups mortels. Galindo s'élança et le défia au combat singulier. Le Maure, qui était de la tribu vaillante des Abencerrages, répondit promptement au défi. Ils s'élancèrent avec fureur l'un contre l'autre. Au premier choc, le Maure tomba de la selle et fut blessé au visage, mais avant que Galindo pût arrêter son cheval et se retourner, le Maure s'était relevé, et saisissant sa lance, se jeta sur le chrétien et le blessa à la tête et au bras. Quoique Galindo fût à cheval et le Maure à pied, la force et l'adressé de ce dernier était si grande, que le chevalier chrétien gêné par sa blessure au bras se trouvait dans le plus grand danger, quand ses camarades arrivèrent à son secours. Le brave païen, forcé de battre en retraite, gravit tranquillement les rochers, les tenant tous en respect, jusqu'à ce qu'il se trouvât au milieu des siens.

Plusieurs des jeunes chevaliers chrétiens, piqués du triomphe du chevalier musulman auraient bien voulu défier au combat d'autres Maures, mais le roi Ferdinand défendit à ses troupes de provoquer les combats singuliers, sachant bien que les Maures étaient le peuple le plus habile dans ces sortes de rencontres et ayant de plus l'avantage de connaître parfaitement le terrain.

CHAPITRE LXXVI

« Dans le temps que l'armée chrétienne, dit Antonio Agapida, assiégeait la ville de Baza, on vit arriver au camp deux moines de l'ordre de Saint-François. L'un, personnage corpulent, parlant avec autorité, était monté sur un superbe coursier, richement harnaché ; tandis que son compagnon, au contraire, les yeux humblement baissés, à l'attitude simple, le suivait sur un mauvais petit cheval. »

L'arrivée de ces deux moines fit peu de sensation, car à cette époque l'Église militante se mêlait aux combats et souvent le casque et le capuchon se voyaient de compagnie. On sut bientôt que ces saints moines venaient de pays lointains pour une mission importante. Ils arrivaient de la Terre Sainte, où ils veillaient sur le tombeau de Notre-Seigneur. Le plus grand des deux se nommait fray Antonio Millan, il était prieur du couvent franciscain de Jérusalem ; fray Antonio avait une grosse figure rouge, il parlait d'une voix forte, comme un homme habitué à prononcer des discours, et que l'on écoute avec déférence. Son compagnon, au contraire, était petit de corps, pâle de visage et parlant habituellement très bas. « Il était, dit Agapida, humble de manières, la tête toujours penchée comme il convient à ses pareils. » C'était pourtant un des membres les plus actifs et les plus influents du couvent; et quand par hasard il levait ses petits yeux noirs, son regard annonçait tant de finesse, que l'on devinait que s'il était doux comme la colombe, il avait la prudence du serpent.

Ces saints hommes étaient envoyés en ambassade par le grand sultan d'Égypte ou, comme Agapida l'appelle, le « soldan de Babylone. »

La ligue formée par ce potentat et son ennemi le sultan Bajazed II, pour sauver Grenade, ligue dont nous avons déjà parlé, n'avait pas abouti. Ces princes infidèles avaient, au contraire, recommencé à se faire la guerre. Cependant le sultan d'Égypte, en sa qualité de musulman, se croyant obligé de ne pas laisser tomber Grenade au pouvoir des infidèles, avait dépêché en Europe ces deux moines avec des lettres pour les souverains castillans, le pape et roi de Naples, leur représentant qu'ils faisaient beaucoup de mal aux Maures de Grenade qui étaient de sa religion et de sa parenté; tandis qu'ils savaient bien que les chrétiens étaient dans ses États protégés par lui dans leur liberté, dans leur foi, et dans la jouissance de leurs biens. Il les priait de cesser cette guerre et les engageait à réintégrer les Maures dans leurs anciennes possessions, autrement il les menaçait de mettre tous les chrétiens, ses sujets, à morts, de démolir leurs couvents et leurs temples et de détruire le saint sépulcre.

Cette menace terrible avait rempli d'effroi tous les chrétiens de Palestine, et quand l'intrépide fray Antonio Millan

et son modeste compagnon partirent pour remplir leur mission, une foule inquiète de chrétiens les accompagna au
delà des portes de Jérusalem, et, les larmes aux yeux, les regardèrent traverser les plaines de la Judée.

Ces ambassadeurs furent reçus par le roi Ferdinand avec
l'honneur et la considération qu'il accordait toujours à ceux
de leurs ordres. Il eut avec eux de longues et fréquentes
conversations quant à la Terre Sainte, à la situation de
l'Église chrétienne dans les États du grand sultan, et à la
conduite que tenait envers elle cet infidèle. Le prieur franciscain, par sa grande éloquence, plût beaucoup au roi, mais
l'habile monarque écouta avec plus d'attention encore les
paroles modestes, mais claires, persuasives et pleines de
sagesse du plus jeune moine, « comme le dit Agapida. »

Ces vénérables moines avaient dans leur voyage visité
Rome et présenté au pape les lettres du grand soldan. Sa
Sainteté avait profité de leur arrivée pour écrire aux souverains castillans, leur demandant quelle réponse ils feraient
aux demandes du potentat oriental.

Le roi de Naples leur écrivait aussi, mais avec plus de
prudence. Il s'informait de la guerre avec les Maures de
Grenade, et s'étonnait beaucoup des événements qui s'étaient
passés, « comme si, dit Agapida, ce n'était pas chose connue
par tout le monde chrétien; et même, ajoute le chroniqueur
avec une indignation qui se comprend à cette époque, il
émit des opinions pleines d'hérésies damnables; il faisait
entre autres l'observation que, quoique les Maures fussent
d'une autre religion, on ne devait pas les maltraiter sans que
ce fût pour une cause juste; puis il insinuait que si les souverains castillans n'avaient pas à se plaindre d'injustices
criantes de la part des Maures, ils ne devraient rien faire

que de voir ces moines, après qu'ils eurent eu audience du
roi, visitant le camp, accompagnés par les plus nobles et les
plus braves chevaliers, qui ne tarissaient pas de questions
sur la Terre Sainte, sur le tombeau de Notre-Seigneur, et
les souffrances des religieux qui le veillaient, et des pieux
pèlerins qui s'y rendaient pour faire leurs vœux.

Le gros prieur, au milieu de ces guerriers, avec son grand
air et sa figure bruyante, leur racontait avec une éloquence
retentissante l'histoire du saint sépulcre, tandis que son
modeste confrère leur disait d'une voix basse et avec de
profonds soupirs la souffrance et les outrages que les chrétiens avaient endurés; alors les chevaliers, saisissant leurs
épées, murmuraient, les dents serrées, des imprécations contre
les infidèles et faisaient des vœux pour une autre croisade.

Les moines ayant achevé leur mission auprès du roi et ayant
été traités avec tous les égards qui leur étaient dus, partirent
de Jaën pour aller rendre visite à la plus catholique des
reines. Isabelle, qui était très pieuse, les reçut comme des
hommes saints revêtus plus que de dignités humaines. Pendant leur séjour dans cette ville, ils furent presque toujours
avec la reine, et tandis que les discours pompeux du prieur
émouvaient les dames de la cour, son compagnon captait
l'attention de la reine. Ce doux et saint ambassadeur, dit
Agapida, fut récompensé de son humilité; la reine touchée
par les raisons qu'il lui présentait avec tant de modestie et
tant d'humilité, fit don de la somme annuelle de mille ducats en or aux moines des couvents du saint sépulcre. De
plus, à leur départ la bonne et pieuse reine leur fit cadeau
d'un voile brodé par ses mains royales pour le saint sépulcre;
le gros abbé l'en remercia éloquemment, et son humble
compagnon en versa des larmes de joie.

CHAPITRE LXXVII

On a généralement l'habitude de rapporter au roi Ferdinand tout l'honneur de cette longue guerre. Le sage Agapida,
au contraire, paraît plutôt disposé à en attribuer la réussite
aux conseils donnés et aux mesures prises par la reine.
Tandis que le roi se donnait dans le camp beaucoup de
mouvement, et faisait grand étalage de courage chevaleresque, Isabelle, dans le palais épiscopal de Jaën, entourée
de ses pieux conseillers s'ingéniait à trouver des moyens de
faire vivre le roi et son armée. Elle avait promis d'envoyer
des troupes, de l'argent et des vivres, jusqu'au moment de
la reddition de la ville ; et bien que le siége coûtât la vie à
nombre d'hommes, la reine était tellement aimée de la
noblesse espagnole, qu'aussitôt qu'elle lui faisait appel, il
ne se trouvait pas un grand feudataire, ni un simple chevalier qui restât chez lui ; tous partaient ou envoyaient des
hommes ; les anciennes familles rivalisaient à qui enverrait
le plus de vassaux, et ainsi chaque jour, les Maures voyaient
arriver de nouvelles troupes et flotter des bannières portant

des chiffres bien connus aux vieux guerriers. Mais la chose la plus difficile était d'expédier régulièrement des vivres; il ne fallait pas seulement nourrir l'armée, mais aussi les villes conquises et leurs garnisons, car tout le pays des alentours avait été ravagé et les conquérants étaient en danger d'y mourir de faim. C'était un entreprise gigantesque que d'envoyer chaque jour dans un pays qui ne possédait, ni eau, ni chemins, ni voitures, ce qui était nécessaire pour nourrir tant de monde. Il fallait faire les transports à dos de bêtes de somme par des défilés dangereux et par des chemins impraticables, à travers des montagnes exposées aux attaques des Maures.

Les marchands, circonspects et habitués à compter, refusèrent de s'engager à leurs risques et périls dans une entreprise aussi dangereuse. Alors la reine fit louer quatorze mille bêtes de somme, et ordonna que tout le froment et l'orge fussent dirigés sur l'Andalousie et dans les propriétés des chevaliers de Santiago et de Calatrava. Elle confia la direction de ces services à des personnes habiles et sûres. Les uns ramassaient les grains, les autres les faisaient moudre, d'autres les transportaient au camp. Il y avait un muletier pour deux cents animaux. Ces convois énormes, défendus par de nombreuses escortes étaient toujours en route, car l'armée dépendait d'eux pour le pain de chaque jour. A l'arrivée au camp, on mettait la farine dans d'immenses greniers, et elle était livrée à l'armée à un prix qui ne variait jamais.

Tout ceci coûtait beaucoup, mais la reine avait des conseillers pieux qui savaient faire de l'argent. Plusieurs prélats donnèrent de fortes sommes tirées des revenus des églises et des couvents; ces pieuses offrandes furent plus tard récompensées par le ciel. Beaucoup de marchands, sachant qu'ils pouvaient se fier aux promesses de la reine, lui avancèrent aussi beaucoup d'argent sur parole; des familles nobles prêtèrent leurs argenteries, sans qu'on la leur demandât. La reine vendit à prix onéreux diverses rentes qui devaient être prises sur les redevances de certaines villes. Voyant qu'elle n'avait pas encore assez d'argent pour faire face à tant de frais, elle fit mettre tous ses bijoux et toute son argenterie en gage à Barcelone et à Valence.

Ainsi, par l'activité et la haute intelligence de cette femme héroïque et magnanime, une armée considérable fut nourrie au plein cœur d'un pays dévasté par la guerre, seulement accessible par des montagnes. Ces escortes puissantes attirèrent bientôt des marchands et des artisans qui vinrent par caravanes à ce marché militaire. Bientôt le camp fut rempli d'ouvriers et d'artistes de toutes sortes qui subvenaient au goût luxueux des jeunes chevaliers. Des artisans habiles travaillaient incessamment à ces magnifiques casques et à ces solides cuirasses en acier, toutes damasquinés d'or ou gravés en relief, que les chevaliers Espagnols aimaient tant; les tentes des selliers et des bourreliers resplendissaient de somptueuses housses et de caparaçons pour les chevaux. Les marchands étalaient tout ce qu'ils avaient de plus beau en soieries, en draps, en brocards, en toile fine et en tapisserie. Les tentes de la noblesse étaient faites des plus riches étoffes; elles éblouissaient les yeux par leur éclat. Ni les regards, ni les paroles sévères du roi ne purent empêcher les jeunes chevaliers de tenter à l'emporter les uns sur les autres par la richesse de leurs habits et de leurs montures, chaque fois qu'il y avait quelque parade ou quelque cérémonie.

CHAPITRE LXXVIII

Tandis que le camp des chrétiens s'étalait joyeux et splendide comme un spectacle de jour de fête devant Baza, que les provisions et les objets de luxe arrivaient par la vallée depuis le matin jusqu'au soir, la malheureuse ville assiégée voyait diminuer ses ressources avec une grande rapidité, et la famine commençait à se faire sentir.

Cidi Yahye avait agi avec courage et énergie tant qu'il put croire lasser les assiégeants, mais il commençait à perdre cette ardeur, et on le voyait maintenant parcourir tristement les murailles de Baza, regardant d'un air pensif le camp des chrétiens, puis tomber dans de profondes rêveries. Le vieux alcayde Mohammed ben Hassan remarqua son abattement, et essaya de relever les esprits du vieux prince.

— La mauvaise saison arrive, lui dit-il; un jour les torrents jailliront des montagnes et feront déborder les rivières, qui inonderont les vallées. Le roi chrétien commencera à hésiter, il n'osera rester pendant cette saison dans une plaine remplie de canaux et de ruisseaux. Un seul orage de nos montagnes emporterait sa ville de toile et disperserait comme des flocons de neige sous une rafale tous ces beaux pavillons.

Ces paroles ranimèrent le courage de Cidi Yahye, il se mit à supputer les jours jusqu'à la saison des pluies. Mais un matin il vit le camp des chrétiens tout en émoi. On entendait de toutes parts le bruit des marteaux, comme si l'on construisait quelque nouvelle machine de guerre. Puis, successivement, à son grand étonnement, il vit apparaître, dominant même les fortifications de Baza, des murailles et des toits de maisons; en peu de temps, il y en eut au moins mille, bâties de bois et de plâtre, recouvertes des tuiles enlevées aux tours démolies, aux maisons de plaisance détruites; ces nouvelles maisons portaient à leur sommet les drapeaux des différents chefs de l'armée espagnole; pour les soldats, on élevait des huttes faites de terre et de branches d'arbres couvertes de paille.

Au désespoir des Maures, dans l'espace de quatre jours à peine, dit un chroniqueur, les légères tentes et les brillants pavillons qui blanchissaient les collines et les plaines avaient disparu comme un nuage d'été, et le camp de Ferdinand avait pris l'aspect d'une ville solidement bâtie, avec des rues et des squares. Au centre, s'élevait un grand édifice, sur lequel flottait fièrement le drapeau royal d'Aragon et de Castille. C'était le palais du roi.

Ferdinand avait pris la résolution subite de faire du camp une ville, en partie pour garantir ses troupes contre les intempéries de la mauvaise saison, et aussi pour convaincre les Maures qu'il était décidé à continuer le siége. Mais les Espagnols s'étaient trop pressés de bâtir leurs demeures, et n'avaient pas assez fait attention au climat. Pendant la plus grande partie de l'année, il tombe à peine une goutte d'eau sur le sol brûlant de l'Andalousie, les lits des torrents et des ruisseaux desséchés forment de profondes coupures sur le penchant des montagnes, laissant habituellement échapper de maigres filets d'eau qui servent à peine à alimenter dans les vallées des rivières presque perdues dans de larges lits tracés à travers des déserts de sable et de pierres; ces rivières sont si peu profondes, que l'on peut presque partout les traverser sans danger. Mais un seul orage d'automne change tout l'aspect de la nature. Les pluies sont si fortes, que les ruisseaux deviennent des torrents impétueux qui se précipitent des montagnes, entraînant d'énormes morceaux de rochers.

A peine les chrétiens avaient-ils fini d'élever leurs habitations, qu'une violente tempête d'automne se déchaîna du haut des montagnes. Le camp en fut entièrement inondé. Plusieurs des maisons, minées par l'eau ou battues par la pluie, s'écroulèrent ensevelissant hommes et bêtes sous leurs ruines; plusieurs personnes et beaucoup d'animaux périrent.

Pour ajouter à la désolation et à la confusion générales qui régnaient dans le camp, les vivres ne purent arriver, les pluies ayant rendu les chemins et les rivières impraticables. Une peur panique s'empara des chrétiens, car un seul jour de retard mettait presque la famine dans le camp. Bientôt, heureusement, les pluies cessèrent, les rivières rentrèrent dans leurs lits, et les convois purent arriver au camp.

Dès que la reine Isabelle sut le retard forcé qu'avaient éprouvés les convois, avec son énergie et son activité ordinaires, elle prit des mesures pour que cela n'arrivât plus.

Elle envoya six mille terrassiers avec des ingénieurs expérimentés, pour faire des chaussées et des ponts sur une étendue
de pays d'au moins sept lieues. Les troupes postées par le
roi dans les montagnes pour protéger les convois tracèrent
aussi deux routes, l'une pour les convois qui arrivaient au
camp, l'autre pour ceux qui s'en retournaient, afin que ne
pouvant se rencontrer, ils fussent moins retardés dans les
passages. On rebâtit les maisons que les pluies avaient fait
écrouler, et l'on prit toutes sortes de précautions pour protéger le camp contre de nouvelles inondations.

CHAPITRE LXXIX

Quand le roi Ferdinand vit quels désastres et quelle confusion une seule tempête d'automne avait produits, il pensa
à quelles maladies devait être exposée une ville assiégée; il
fut saisi d'une profonde pitié pour les souffrances des habitants de Baza, et songea à leur accorder des conditions
honorables. Il envoya plusieurs messagers à l'alcayde
Mohammed ben Hassan pour offrir toute liberté et sécurité
aux habitants, et à lui-même de grandes récompenses s'il
voulait rendre la ville. Le vénérable Mohammed ne fut pas
ébloui par les offres magnifiques du roi. Il avait de son côté
reçu des détails exagérés sur les dégâts causés au camp des
chrétiens par les pluies; il pensa que les offres de Ferdinand
prouvaient qu'il se sentait dans une condition désespérée.

— Un peu de patience, dit le sage vieux guerrier, et nous
verrons cette multitude de sauterelles chassée par les tempêtes de l'hiver. Quand ils commenceront à s'en aller, ce

qui pût nuire par contre-coup aux chrétiens d'Orient, comme si l'épée de la foi une fois tiré, on dût la faire rentrer au fourreau avant que cette écume du paganisme fût entièrement détruite ou dispersée de la terre. » En un mot, « ce roi, dit Agapida, penchait plus pour les infidèles qu'il n'était juste et loyal dans un prince chrétien, et d'ailleurs il s'était allié au soudan d'Égypte contre leur ennemi, le Grand Turc. »

Ces sentiments pieux du vrai catholique Agapida sont ceux du père Mariano, dans son histoire, mais le digne chroniqueur Pedro Abarca attribue la conduite du roi de Naples non à un manque de religion, mais à un excès de politique mondaine ; car il craignait que si le roi Ferdinand accomplissait la conquête de Grenade, il ne trouvât plus tard le temps et les moyens de faire valoir les droits de la maison d'Aragon à la couronne de Naples.

« Le roi Ferdinand, ajoute le digne père Pedro Abarca, n'était pas moins dissimulé que son cousin le roi de Naples ; il lui répondit par une lettre pleine de détails, lui expliquant la nécessité de la guerre, l'instruisant de ce que tout le monde savait et que le roi de Naples seul prétendait ignorer. En même temps, il le rassurait sur le compte des chrétiens de Syrie et d'Égypte, l'assurant que les revenus que leur extorquait le soudan étaient la meilleure garantie et la plus sûre protection contre toute violence. Au pape, il donna les raisons dont on se servait ordinairement pour justifier la guerre contre les infidèles, que c'était pour reconquérir le territoire pris par les Maures ; pour les punir des guerres et des violences dont ils faisaient souffrir les chrétiens ; enfin que c'était une sainte croisade qui profiterait à la gloire et à l'avancement de l'Église.

« C'était vraiment, dit Agapida, un spectacle bien édifiant

sera à nous de frapper, et avec l'aide d'Allah, le coup sera
décisif.

Il envoya une réponse polie, mais ferme au roi, puis il
encouragea les troupes à faire des sorties plus fréquentes
et à attaquer les postes avancés et ceux qui travaillaient
dans les tranchées. Il arriva que tous les jours il y avait
des escarmouches où l'on perdait les plus braves et les plus
hardis chevaliers des deux côtés.

Dans une de ces sorties, près de trois cents cavaliers et
deux mille fantassins gravirent les hauteurs derrière la ville,
dans le but de faire prisonniers les chrétiens qui travaillaient
aux constructions. Les Maures surprirent un parti des gens
du comte d'Urena, en tuèrent quelques-uns, et mirent en déroute les autres, qu'ils poursuivirent jusqu'à ce qu'ils aper-
çussent des troupes sous les ordres des comtes de Tendilla et
Gonzalve de Cordoue. Les Maures descendaient avec une
telle rapidité, que plusieurs des hommes du comte de Tendilla s'enfuirent, mais ce chef estimant qu'il y avait moins
de danger à se battre qu'à fuir, se mit en défense avec sa
bravoure ordinaire. Gonzalve de Cordoue, réunissant à la
hâte quelques hommes, se joignit bientôt à lui et ils firent
vigoureusement face à l'ennemi.

Mais les infidèles les pressaient vivement et gagnaient incessamment du terrain, quand Alonzo d'Aguilar, ayant été
informé du danger que courait son frère, s'empressa d'accourir à son secours, en compagnie du comte de Urena, et
suivi de quelques troupes. Une mêlée sanglante s'ensuivit;
on se battit de rocher en rocher et de vallée en vallée. Les
Maures étaient moins nombreux, mais ils avaient l'habileté
et la légèreté nécessaires pour ces sortes d'escarmouches.
Néanmoins ils furent enfin chassés malgré l'avantage des

positions qu'ils avaient choisies ; Alonzo d'Aguilar et son frère Gonzalve les poursuivirent jusqu'aux faubourgs de la ville, laissant bien des braves sur le terrain.

Tous les jours, de pareilles rencontres avaient lieu, qui coûtaient la vie à beaucoup de braves chevaliers sans rien rapporter à l'un ou à l'autre parti. Malgré les défaites et les pertes qu'ils essuyaient, les Maures s'obstinaient à faire des sorties.

Le prince de Cidi Yahye se trouvait toujours le premier dans ces escarmouches, mais il commençait à douter du succès ; il n'avait plus d'argent pour payer ses troupes. Le vénérable Mohammed ben Hassan se chargea de remédier à cet état de choses. Il réunit les principaux habitants de Baza et leur représenta la nécessité qu'il y avait à ce qu'ils fissent quelques sacrifices pour la défense de la ville.

— L'ennemi, leur dit-il, craint l'approche de l'hiver, et notre persévérance le met au désespoir. Encore un peu de patience et il nous laissera en paix dans nos murs au sein de nos familles. Mais pour soutenir le courage de nos soldats il faut de l'argent pour les payer ; nous en manquons et il nous est impossible d'en obtenir ; si vous ne nous venez en aide nous ne pourrons continuer à défendre Baza.

Les habitants se concertèrent, et ramassant tout ce qu'ils possédaient de valeur en or, en argent, ils l'apportèrent à Mohammed ben Hassan.

— Prenez ceci, dirent-ils, faites-en battre monnaie, vendez-le ou mettez-le en gage pour payer les troupes.

Les femmes aussi voulurent rivaliser de générosité.

— Quand notre pays est dans la désolation et que ses défenseurs manquent de pain, pourrions-nous nous vêtir avec magnificence ? Tenez, dirent-elles, en donnant leurs colliers,

leurs bracelets et autres bijoux au vénérable alcayde, prenez
ces dépouilles de notre vanité, et faites-les servir à la défense
de nos maisons et de nos familles. Si Baza est délivré, nous
n'aurons pas besoin de bijoux pour nous en réjouir, et si
Baza tombe aux mains de nos ennemis, des captives n'auraient pas besoin de se parer.

Au moyen de ces dons, Mohammed put payer ses troupes
et continuer de défendre la ville.

Le roi Ferdinand fut aussitôt informé du dévoûment généreux des habitants et de l'espoir que les Maures avaient que
l'armée chrétienne abandonnerait bientôt le siége.

— Je les convaincrai que leur espoir est une illusion,
dit-il.

Il écrivit donc à la reine Isabelle, la priant de venir en
grande pompe avec toute sa cour habiter le camp pendant
l'hiver. Il espérait ainsi que les Maures, convaincus de sa détermination ferme de prendre la ville, se rendraient avant
longtemps.

CHAPITRE LXXX

ARRIVÉE DE LA REINE ISABELLE AU CAMP.

Mohammed ben Hassan encourageait toujours son armée, convaincu que les chrétiens allaient abandonner le siége, quand ils entendirent un jour des cris de joie et des salves d'artillerie qui partaient de leur camp. On annonça en même temps qu'une armée chrétienne descendait la vallée. Mohammed et les autres chefs montèrent sur une des plus hautes tours, et virent, en effet, une troupe brillante et nombreuse qui descendait la vallée, précédée de trompettes au son éclatant et suivie d'une musique joyeuse.

Au fur et à mesure que les nouveaux venus s'approchaient, les Maures virent une dame au port majestueux, qu'ils reconnurent bientôt pour être la reine. Elle était montée sur une mule dont les magnifiques harnais resplendissants d'or et d'argent, traînaient jusqu'à terre. A sa droite était la princesse Isabelle, mise avec la même splendeur ; à sa gauche était le vénérable grand cardinal d'Espagne. La reine était suivie d'une nombreuse escorte, composée des dames, de nobles chevaliers, avec les pages et les écuyers, d'une garde de nobles hidalgos, superbement costumés. Quand Mohammed ben Hassan apprit que la reine arrivait avec toute cette pompe pour rester au camp, l'espoir l'abandonna. Il secoua tristement la tête et dit à ses capitaines :

— Le sort de la ville de Baza est décidé.

Les commandants maures regardaient avec admiration et tristesse le spectacle de ce défilé magnifique qui présageait la chute de leur ville. Quelques troupes voulaient faire une sortie désespérée pour attaquer les gardes de la reine, mais le prince Cidi Yahye le leur défendit; il ne voulut pas permettre que l'on tirât le canon ou que l'on fît la moindre insulte ou injure, car le caractère d'Isabelle était vénéré même par les Maures, et presque tous les commandants étaient courtois et chevaleresques comme le sont toujours les esprits héroïques, c'étaient les plus nobles et les plus braves chevaliers de la nation maure.

Quand les habitants surent que la reine Isabelle s'approchait de la ville, ils montèrent partout d'où l'on pouvait voir dans la plaine; les tours, les créneaux, les mosquées se couvrirent de turbans.

Bientôt on vit le roi Ferdinand, accompagné du marquis de Santiago, du duc d'Alva, de l'amiral de Castille et de plusieurs autres nobles Espagnols, suivi de tous les chevaliers qui étaient au camp magnifiquement vêtus, se porter à la rencontre de la reine, tandis que le peuple poussait des cris de joie à la vue de la princesse bien-aimée.

Quand les deux souverains se furent embrassés, les deux armées castillanne et aragonaise se mêlèrent et entrèrent ensemble au camp ; les infidèles furent éblouis par l'éclat des armures, la splendeur des caparaçons des chevaux, de la soie et du velours, des plumes et des bannières qui flottaient au vent; tandis que l'on entendait le son triomphant des tambours, des trompettes, des clairons, des trombones, mêlé aux sons mélodieux du tympanon, formant une douce harmonie qui paraissait monter jusqu'au ciel (1).

« Ce fut chose étonnante, dit l'historien Hernando de Pulgar, de voir de quelle manière, à l'arrivée de la reine, toute la rigueur et le mouvement de la guerre s'adoucirent, et comme les passions se calmèrent; pendant quelques jours, l'épée rentra dans le fourreau, les arbalètes ne lancèrent plus leurs flèches meurtrières, et les canons cessèrent de gronder. On fit pourtant bonne garde dans les deux camps, les sentinelles vigilantes hérissaient les murs de Baza de leurs lances, et la garde faisait la ronde du camp des chrétiens; mais on ne fit plus de sorties, et l'on s'abstint de tout carnage inutile.

Le prince Cidi Yahye comprit à l'arrivée d'Isabelle que les chrétiens étaient décidés à continuer le siége et que la ville devrait se rendre. Il n'avait pas épargné ses soldats, tandis qu'il croyait profiter du sacrifice qu'ils faisaient de leur vie, mais pour une cause désespérée il ne voulait pas prodiguer leur sang, et exaspérer l'ennemi en continuant une défense inutile.

A la demande du prince Cidi Yahye, une trève fut accordée, et le commandeur de Léon fut député pour conférer avec le vaillant alcayde Mohammed. Ils eurent une entrevue en vue du camp et de la ville, et accompagnés par des chevaliers des deux armées. Leur rencontre fut très courtoise, car ils avaient appris sur le champ de bataille à s'estimer mutuellement. Le commandeur de Léon représenta éloquemment à

____

(1) Cura de los Palacios.

Mohammed qu'ils n'avaient plus d'espoir de pouvoir continuer à défendre Baza, et lui rappela tous les maux que ceux de
Malaga s'étaient attirés par leur entêtement. « Je promets,
ajouta-t-il, au nom de mon maître, que, si vous vous rendez
de suite, les habitants de Baza seront traités comme sujets
du roi Ferdinand ; protégés dans leurs possessions, ils jouiront de la plus grande liberté, et le libre exercice de leur religion leur sera permis ; si vous refusez mes offres, vous qui
passez pour un chef habile et prudent, vous serez respon-
sable de tout ce que souffriront les habitants de Baza. »

Le commandeur se tut, et Mohammed rentra dans la ville
pour consulter ses capitaines. Bien qu'il fût évident qu'une
plus longue résistance était inutile, néanmoins les chefs
maures ne voulurent pas d'eux-mêmes céder une place aussi
importante que Baza sans qu'elle eût soutenu d'assaut. Le
prince Cidi Yahye demanda qu'on lui permît d'envoyer un
messager à Guadix porter une lettre au vieux roi El Zagal,
pour l'informer de ce qui se passait et avoir son avis là-
dessus. On fit droit à cette demande, et le vieux Mohammed
Ben Hassan partit pour remplir cette mission.

CHAPITRE LXXXI

Le vénérable El Zagal était assis dans une chambre inté-
rieure du château de Guadix, fort triste et réfléchissant à tous
les malheurs qui lui arrivaient, quand on lui annonça l'arrivée du vieux Mohammed.

El Zagal vit de suite qu'il lui apportait de mauvaises nouvelles.

— Que se passe-t-il à Baza? demanda-t-il..

— Cette lettre vous l'apprendra, lui répondit Mohammed,
en lui présentant la lettre du prince Cidi Yahye.

Cette lettre lui apprenait la situation désespérée de Baza,
l'impossibilité où les assiégés se trouvaient de résister plus
longtemps sans recevoir des secours d'El Zagal, puis les
conditions honorables offertes par les souverains de Castille.
Si cette lettre n'avait pas été écrite par Cidi Yahye, El Zagal
l'aurait peut-être reçue avec méfiance et indignation; mais
il considérait le prince comme un autre lui-même. Quand il
eut parcouru sa lettre, il soupira profondément et resta longtemps la tête penchée sur sa poitrine, abîmé dans ses ré-

flexions. Revenu à lui, le roi fit appeler ses conseillers, leur fit part des nouvelles qu'il venait de recevoir et demanda leur avis; mais on lui donna tant de conseils différents, que son embarras s'en accrut, car si l'on ne pouvait envoyer de troupes à Baza, cette ville serait forcée de se rendre, et jusqu'alors ses efforts pour lui venir en aide avaient échoué. El Zagal, au désespoir, renvoya son conseil et fit venir Mohammed.

— Allah achbar, lui dit-il, Dieu est grand; il n'y a qu'un Dieu et Mahomet est son prophète. Retournez vers mon cousin; dites-lui qu'il m'est impossible de lui venir en aide, et qu'il faut qu'il fasse pour le mieux; les habitants de Baza se sont conduits d'une façon si héroïque, qu'ils ont acquis une gloire immortelle; je ne peux leur demander de courir de nouveaux dangers pour une cause désespérée.

La réponse d'El Zagal décida du sort de la ville. Cidi Yahye s'empressa de capituler et obtint les conditions les plus honorables. On permit aux soldats étrangers, qui étaient venus pour aider à défendre Baza, de partir en toute liberté avec leurs armes, leurs chevaux et leurs effets. Les habitants purent, à leur choix, ou s'en aller et emporter tout ce qu'ils possédaient, ou s'établir dans les faubourgs avec le libre exercice de leur religion et de leurs lois, à la condition de jurer fidélité au roi Ferdinand et de lui payer le même impôt qu'ils payaient aux rois maures. Quant aux chefs maures, ils devaient remettre la ville et les fortifications aux mains des chrétiens dans l'espace de six jours, et partir avec tous leurs effets, donnant quinze jeunes nobles maures comme otages au commandeur de Léon. Quand Cidi Yahye et l'alcayde Mohammed amenèrent les otages, parmi lesquels se trouvaient les fils de ce dernier, ils rendirent hommage au roi et à la reine, qui les reçurent avec la plus grande bonté et la plus grande bienveillance et leur firent, ainsi qu'aux autres chevaliers maures, de magnifiques cadeaux d'argent, de vêtements, de chevaux et autres choses de grand prix.

Le prince Cidi Yahye fut si enchanté de la grâce et de la dignité de la reine Isabelle, et de la courtoisie du roi Ferdinand, qu'il jura de ne plus jamais tirer l'épée contre des souverains si magnanimes.

La reine, charmée de son air de noblesse et des protestations de dévoûment qu'il lui faisait, l'assura que, maintenant qu'il était avec eux, elle considérait la guerre qui avait ravagé le royaume de Grenade comme terminée.

Les louanges qui sont données par les souverains ont une puissance irrésistible. Cette assurance de l'illustre Isabelle captiva entièrement Cidi Yahye; son cœur se remplit d'une flamme soudaine de loyauté envers ses souverains. Il demanda à être enrôlé parmi leurs sujets les plus dévoués, et, dans toute la ferveur de son zèle, s'engagea non seulement à mettre son épée à leur service, mais il promit aussi de faire tout son possible afin de persuader à son cousin El Zagal de rendre les villes de Guadix et d'Alméria, et de cesser toutes hostilités. L'influence des conversations du roi et de la reine sur le chef maure devint si grande, qu'elle s'étendit à sa religion. Bientôt, en effet, éclairé sur les abominations païennes de la vile secte de Mahomet et frappé des vérités du christianisme, il consentit à se faire chrétien et à être reçu membre de l'Église. Le pieux Agapida est transporté de joie de cette étonnante conversion du prince infidèle; il la considère comme un des plus grands exploits des souverains catholiques et même comme un des événements les plus remarquables de cette guerre sainte. « Car, ajoute-t-il, il est donné aux saints et aux monarques pieux de faire des miracles pour la foi, et c'est ce que fit le roi Ferdinand en convertissant le prince Cidi Yahye. »

Quelques auteurs arabes ont cherché à diminuer ce qu'il y avait d'étonnant dans ce miracle, en faisant allusion aux faveurs qui furent accordées au chef maure vaincu et à ses héritiers par les monarques castillans. En effet, le territoire de Marchena, ses villes, ses terres et ses vassaux furent donnés à Cidi Yahye et à ses descendants. « Mais, dit Agapida, dans ceci nous ne voyons que les sages précautions prises par le roi Ferdinand pour s'attacher un nouveau prosélyte. »

La politique du roi chrétien fut toujours égale à sa piété. Au lieu de faire parade de la conversion du prince maure dans l'Église chrétienne, il ordonna que le baptême se fît en secret. Il craignait que s'il en était autrement, Cidi Yahye ne fût dénoncé comme apostat, abandonné et détesté par les siens, et qu'il ne perdît l'influence nécessaire pour mettre fin à la guerre.

Le vénérable Mohammed Ben Hassan fut également séduit par la magnanimité et la générosité des souverains castillans ; son exemple fut suivi par plusieurs autres chevaliers maures, dont les offres de service furent gracieusement acceptées et généreusement récompensées.

Ainsi après un siége de six mois et vingt jours, la ville de Baza se rendit le 4 décembre 1489, jour de la fête de la glorieuse sainte Barbe, qui, selon le calendrier catholique, préside sur le tonnerre et les éclairs, sur le feu et la poudre ainsi que sur toutes choses enflammables. Le roi et la reine firent une entrée triomphale dans la ville le lendemain, et la joie augmenta quand on vit cinq cents captifs chrétiens que l'on venait de délivrer des cachots des Maures.

Les chrétiens perdirent à ce siége vingt mille hommes, dont seize mille moururent de diverses maladies, notamment du froid, « mort très misérable » dit l'historien Mariana. « Mais, ajoute le vénérable jésuite, comme c'étaient des gens de bas rang, des portefaix etc., leur perte était peu importante. »

La reddition de Baza fut suivie de celle d'Almuñeçar Tavernas et de la plupart des forteresses des montagnes d'Alpuxarras, dont les habitants espéraient, en se rendant promptement et volontairement, obtenir des conditions aussi honorables que celles qui avaient été faites à Baza ; les alcaydes, eux aussi, se flattaient de l'espoir de recevoir des récompenses pareilles à celles accordées à ces chefs; ni les uns ni les autres ne furent désappointés. On permit aux habitants de jouir, en qualité de mudexarres, de leurs biens et d'exercer en paix leur religion. Quant aux alcaydes, lorsqu'ils vinrent au camp se démettre de leurs charges, ils furent reçus avec la plus grande bonté par le roi, qui leur fit des cadeaux d'argent proportionnés à l'importance des places qu'ils commandaient. Le sage monarque fit bien attention de ne blesser ni leur orgueil ni leur délicatesse, et leur fit payer cet argent comme étant des arrérages dus par le gouvernement qui l'avait précédé. Ferdinand, au commencement de la guerre, avait conquis le pays à la pointe de l'épée, mais à la fin de la campagne, il trouva l'or aussi utile que l'acier.

Parmi les chefs mercenaires qui se rendirent à Ferdinand il en vint un nommé Ali Aben Fahar, qui avait commandé des postes importants; c'était un Maure d'une apparence fière et triste, il se tenait à l'écart tandis que ses compagnons rendaient leurs forteresses et se retiraient chargés de richesses de toutes sortes. Quand ce fut son tour, il parla aux souverains avec la franchise d'un soldat.

— Je suis Maure, dit-il, et descendant des Maures, je suis alcayde des belles villes et des châteaux de Purchena et de Paterna; on m'en avait confié la défense, mais ceux qui auraient dû rester près de moi ont perdu tout courage et ne cherchent qu'à se sentir en sécurité.

Ferdinand donna l'ordre d'offrir à l'alcayde de fortes sommes d'or pour le récompenser de rendre des villes si importantes. Le Maure les refusa d'un air fier et hautain.

— Je ne viens pas, dit-il, vendre ce qui n'est pas mien, mais vous rendre ce que la fortune a fait vôtre, et Vos Majestés peuvent être assurées que si j'avais été bien secondé, ce n'est pas l'or mais notre mort qui vous aurait rendu ces forteresses.

Les souverains castillans furent frappés de la fierté et de la loyauté de ce Maure et désirèrent l'avoir à leur service, mais l'orgueilleux musulman ne voulait à aucun prix servir les ennemis de sa nation et de sa religion.

— N'y a-t-il rien, lui dit la reine Isabelle, que nous puissions faire qui vous soit agréable et qui vous puisse prouver l'estime dans laquelle nous vous tenons?

— Oui, répondit le Maure; j'ai laissé derrière moi dans les villes et les vallées que je vous ai rendues beaucoup de mes malheureux compatriotes qui ne peuvent s'arracher de leur sol natal. Donnez-moi votre parole royale que vous les protégerez et qu'ils jouiront en toute liberté de l'exercice de leur religion et de leur fortune.

— Nous vous promettons, dit Isabelle, qu'on les laissera en paix et en toute sécurité. Mais toi, que demandes-tu pour toi-même?

— Rien, reprit Ali, sinon la permission de passer en Afrique, sans être molesté, avec mes chevaux et mes effets.

Les monarques castillans l'auraient volontiers comblé de dons de toutes sortes, non comme récompense, mais comme une marque personnelle d'estime; mais Ali Aben Fahar refusa tous les cadeaux qu'on lui offrit, croyant que c'était un crime de prospérer dans un temps pareil de détresse et dédaigna de s'enrichir des ruines de son pays.

Muni d'un sauf-conduit qu'il avait reçu du roi, il rassembla ses domestiques, ses chevaux et ses armes, puis il dit adieu à ses compatriotes qui versaient des larmes de douleur de le voir partir. Lui, le cœur brisé mais l'œil sec, il sauta sur son coursier arabe, se retourna pour jeter un dernier regard aux belles vallées de son pays natal conquis, puis il lança son cheval pour aller chercher fortune dans les sables brûlants de l'Afrique.

CHAPITRE LXXXII

Les mauvaises nouvelles ne manquent jamais de messagers ; on les dirait poussées par les vents rapides ; les oiseaux eux-mêmes semblent les apporter au malheureux. Le vieux roi El Zagal, caché dans les profondeurs de son château, maintenant que la lumière du ciel n'éclairait plus sa prospérité, recevait chaque jour la nouvelle de quelque nouveau désastre. Les forteresses s'étaient rendues au roi Ferdinand les unes après les autres ; les hautes montagnes et les vertes vallées lui échappaient successivement, une à une, occupées par les troupes du conquérant. Il ne restait plus au roi maure que les belles villes de Guadix et d'Almeria, et une portion des Alpuxarras. On ne craignait plus le vieux roi ; il en était arrivé à ce point de la mauvaise fortune où les amis d'un homme se croient le droit de lui dire de dures vérités, de lui donner des conseils désagréables, parce que, brisé par la souffrance, il ne peut que les écouter tranquillement.

El Zagal était assis sur un divan, réfléchissant à la nature

passagère de la gloire humaine, quand on annonça l'arrivée
de son beau-frère le prince Cidi Yahye. L'illustre converti
à la vraie religion et aux intérêts des conquérants castillans,
s'était hâté, avec toute la ferveur d'un nouveau prosélyte,
d'arriver à Guadix, désireux de prouver son zèle en persua-
dant au vieux roi de renoncer à sa religion, à sa couronne,
à sa puissance.

Cidi Yahye était encore vêtu comme un musulman, car sa
conversion devait encore rester secrète. Le vieux El Zagal se
sentit attendri à la vue de son parent. Il le pressa sur son
cœur et remercia Allah de ce qu'il lui restait un tel ami pour
le conseiller.

Cidi Yahye lui fit bientôt part de la mission dont il s'était
chargé; il représenta à El Zagal l'état désespéré de ses
affaires et le déclin inévitable du pouvoir des Maures dans
le royaume de Grenade.

—Le destin, dit-il, nous est contraire; notre ruine est écrite
dans les cieux; souvenez-vous des prédictions que firent les
astrologues à la naissance de votre neveu Boabdil. Nous
avions espéré que cette prédiction était accomplie quand il
fut fait prisonnier à Lucena, mais il est évident que les
étoiles ne prédisaient pas seulement un revers momentané; les défaites successives que nous avons essuyées prou-
vent que le royaume de Grenade doit passer aux mains des
chrétiens. Telle est, ajouta emphatiquement le prince, la
volonté de Dieu.

El Zagal écouta ces paroles sans qu'un muscle de son
visage trahit sa pensée. Il resta longtemps pensif; enfin il
soupira profondément et s'écria :

— Alahuma subahana hu, que la volonté de Dieu soit
faite. Oui, mon cousin, il n'est que trop évident que telle est

la volonté d'Allah et il fera ce qu'il voudra : s'il n'avait pas décrété la perte de Grenade, ce bras et ce cimeterre l'auraient sauvée !

— Il ne reste donc, dit Cidi Yahye, qu'à sauver le plus possible des débris qui vous restent de l'empire. En continuant la guerre, vous le ruinerez et vous causerez la mort d'un grand nombre de fidèles musulmans. Voulez-vous abandonner les villes qui vous restent à votre neveu El Chiquito pour qu'elles servent à augmenter sa puissance, et que l'alliance qu'il a faite avec les souverains chrétiens vous protége?

A cette insinuation, les yeux d'El Zagal lancèrent des éclairs.

— Jamais, s'écria-t-il, je ne ferai de conditions avec cet esclave, cet apostat ; je préférerais de voir flotter le drapeau du roi Ferdinand sur mes murs, plutôt que d'ajouter aux possessions de Boabdil.

Cidi Yahye se saisit de cette idée et pressa le vieillard de se rendre franchement.

— Fiez-vous, lui dit-il, à la générosité des souverains de Castille. Ils vous accorderont bien certainement des conditions avantageuses et honorables. Il vaut mieux leur céder d'amitié ce qu'ils ne tarderaient pas à vous prendre de force, car telle est, mon cousin, la volonté de Dieu.

— Alahuma subahana hu, dit le vieux roi, que la volonté de Dieu soit faite !

Le vieux roi, lui aussi, abdiqua donc sa fierté, et promit de rendre son territoire aux ennemis de sa foi, plutôt que d'augmenter la puissance de son neveu.

Cidi Yahye s'en retourna à Baza, autorisé par El Zagal à traiter en son nom avec les souverains chrétiens.

Le prince maure converti, heureux du succès d'une mission qui allait donner à Ferdinand d'importantes portions de territoires, se promettait d'obtenir de bonnes conditions pour El Zagal. En effet, celui-ci abandonnait une grande partie des montagnes qui s'étendent de la métropole à la Méditerrannée, avec ses vallées belles comme des émeraudes enchâssées dans une chaîne d'or.

Mais les plus beaux joyaux de la couronne de Grenade étaient les villes de Guadix et d'Almeria.

Cidi Yahye réussit, comme il l'avait espéré. En récompense de la cession de ces territoires, les souverains accordèrent au roi El Zagal leur amitié et leur alliance ; puis ils lui laissèrent de son ancien empire, l'Alhamin dans les Alpuxarras, et la moitié des mines de sel de Maleha. Il devait, en outre, jouir du titre de roi d'Andaraxa, avec deux mille des Maures conquis pour sujets, et quatre millions de maravédis de revenus ; mais il devait tenir le tout à titre de vassal de la couronne de Castille. Ces arrangements ayant été faits, Cidi Yahye retourna vers Muley Abdallah pour fixer le jour où le vieux roi céderait ses possessions et rendrait hommage à ses nouveaux souverains dans la ville d'Alméria.

Le 17 décembre, le roi Ferdinand quitta Baza avec une partie de son armée ; la reine le suivait avec le reste. Ferdinand passa en triomphe par plusieurs des villes qu'il avait conquises, jouissant de ces trophées qu'il devait plutôt à son habileté qu'à sa valeur. Arrivé près d'Alméria, le roi maure vint à sa rencontre, accompagné du prince Cidi Yahye et des principaux habitants, tous à cheval. Le front orgueilleux d'El Zagal portait l'empreinte d'une humilité forcée ; ses lèvres contractées se relevaient aux coins avec impatience, sa poitrine se soulevait par moments, et un souffle d'indignation s'échappait de ses narines dilatées. On voyait que s'il se sentait vaincu, c'était par la volonté de Dieu, non pas par la main des hommes, et tandis qu'il se soumettait aux décrets du destin, son âme orgueilleuse souffrait de s'humilier devant les mortels qui lui servaient d'agents. Dès qu'il fut en vue du roi, il descendit de cheval et s'avança pour lui rendre hommage en lui baisant la main. Ferdinand, respectant la royauté dans le prince maure, ne lui laissa pas accomplir cet acte de vassalité; se penchant aussitôt sur sa selle, il l'embrassa gracieusement et le pria de remonter à cheval pour causer plus commodément, ce qu'ils firent avec courtoisie pendant quelques instants. Ensuite El Zagal fit en bonne forme l'abandon de ses possessions.

Quand tout fut terminé, le vieux guerrier maure se retira dans les montagnes avec quelques adhérents, pour se rendre dans son petit royaume d'Andaraxa, y cacher son humiliation, et essayer de se consoler avec l'ombre du titre de roi.

CHAPITRE LXXXIII

Qui peut dire quand on doit se réjouir dans ce monde d'incertitudes?

Quand Jusef Aben Commixa, le vizir de Boabdil, surnommé El Chico, entra dans le salon de l'Alhambra pour lui annoncer la capitulation d'El Zagal, le cœur du jeune monarque tressaillit de joie.

Son plus grand désir était réalisé; il n'avait plus de rival, il était le seul roi de Grenade. Il allait enfin jouir des fruits de son humiliation et de son vasselage. Son trône était affermi par l'amitié et l'alliance des souverains de Castille, il n'avait donc plus à craindre pour sa couronne.

— Allah achbar, dit-il, Dieu est grand, réjouis-toi avec moi, oh Jusef! les étoiles cessent de me persécuter. Maintenant que l'on ne m'appelle plus El Zogoybi.

Dans les premiers moments de sa joie, Boabdil aurait voulu ordonner des réjouissances publiques; mais le sage Jusef secouant la tête :

— La tempête a cessé d'un côté, dit-il, mais elle peut

recommencer de l'autre; nous sommes sur une mer agitée,
et nous sommes entourés de rochers et de sables mouvants.
Que mon seigneur le roi attende pour ordonner des réjouissances, que tout soit entièrement calme.

Mais El Chico ne pouvait rester paisible dans cette
journée de joie. Il fit richement caparaçonner son cheval, et
sortant par une des portes de l'Alhambra, il descendit dans
la ville par l'avenue d'arbres et de fontaines, pour recevoir
les acclamations du peuple. Arrivé au grand jardin de la vi-
varambla, il vit que la foule paraissait violemment agitée;
mais quel ne fut pas son étonnement d'entendre des gémis-
sements, des murmures et des cris d'exécration. On disait
que El Zagal avait été forcé de capituler et que toutes ses
possessions étaient tombées aux mains des chrétiens. Personne ne connaissait les détails, mais tous les habitants de
Grenade étaient tristes et indignés. Dans la chaleur du moment, on vantait le vieux Muley comme un prince patriote
qui avait combattu jusqu'au dernier moment pour son pays;
c'était le modèle des monarques; il avait dédaigné de com-
promettre la dignité de sa couronne en se soumettant.
Boabdil, disait-on, au contraire, avait vu avec joie les efforts
héroïques, mais inutiles, de son oncle; il s'était réjoui de la
défaite des fidèles et du triomphe des chrétiens! Il avait aidé
au démembrement et à la chute de son oncle! Quand les
Grenadins reconnurent Boabdil et qu'ils le virent se prome-
nant dans un tel apparat, en ce jour d'humiliation pour les
vrais musulmans, ils ne purent retenir leur fureur, et parmi
les clameurs qui s'élevèrent, Boabdil entendit plus d'une
fois son nom accolé aux épithètes de traître et de rénégat.

Le jeune monarque, irrité et tout confus, rentra à l'Alhambra, où il s'enferma jusqu'à ce que l'agitation populaire

fût un peu calmée. Il espérait que le peuple apprécierait assez les bienfaits de la paix pour ne pas se plaindre du prix auquel elle avait été achetée; en tout cas, il comptait que l'amitié des souverains chrétiens le protégerait même contre ses sujets rebelles.

Les premières missives du politique Ferdinand montrèrent à Boabdil la valeur de son amitié.

Le roi chrétien rappelait le traité fait entre eux, lors de la prise de la ville de Loxa, et par lequel lui Boabdil s'était engagé, dans le cas où les souverains de Castille prendraient les villes de Guadix, de Baza et d'Alméria, à remettre Grenade entre leurs mains dans un temps déterminé, et à accepter en échange certaines villes maures qu'il tiendrait à titre de vassal de Ferdinand et d'Isabelle. Ferdinand terminait son message en disant que Guadix, Baza et Alméria étant tombées en son pouvoir, il le sommait de tenir sa promesse.

Quand même le malheureux Boabdil en eût eu le désir, il n'aurait pas eu le pouvoir de faire droit à l'injonction du roi chrétien, car il était comme prisonnier dans l'Alhambra, tandis que la tempête populaire grondait sur les places publiques. Grenade s'était remplie des soldats et des citoyens des autres villes soumises, qui étaient venus s'y réfugier; ces hommes ruinés étaient furieux et désespérés; tous se plaignaient amèrement de Boabdil, à qui ils reprochaient de n'avoir pas secouru leurs villes, et par conséquent d'être la cause du malheur qui les frappait.

Comment le roi de Grenade pouvait-il affronter un pareil orage? comment oserait-il même parler de se rendre à ces gens mutinés? En réponse à Ferdinand, Boabdil lui fit part des difficultés de sa situation, et que loin d'être le maître de disposer de son peuple, sa turbulence mettait sa propre vie en danger. En conséquence, il suppliait le roi de se contenter, pour le présent, de ses conquêtes et lui promettait que dès qu'il pourrait reprendre les rênes du gouvernement, ce serait pour régner comme vassal de la couronne castillane.

Cette réponse ne satisfit pas Ferdinand. Le temps était venu pour lui d'en finir avec l'habileté, de compléter ses conquêtes en s'asseyant sur le trône de l'Alhambra, prétendant que Boabdil était un allié infidèle qui ne tenait pas ses promesses et qu'il le rejetait de son amitié. Le roi chrétien envoya une seconde missive à Grenade; il l'adressa non à Boadbil, mais aux chefs maures et au conseil de la ville. Par ce message, il promettait aux habitants, s'ils se soumettaient, les mêmes conditions honorables qu'il avait accordées à Baza, à Guady et à Almeria, tandis que s'ils refusaient il les menaçait du même sort qui échut à Malaga.

Le message du roi catholique jeta un grand émoi dans la ville. Les habitants de l'alcaceria, cette ruche active du commerce, et tous ceux qui avaient gagné de l'argent pendant la cessation des hostilités désiraient garder leur or en se soumettant de suite, d'autres regardaient leurs femmes et leurs enfants avec inquiétude, craignant s'ils résistaient de voir ces êtres chéris réduits à la misère et à l'esclavage. Mais il y avait aussi dans Grenade une foule de gens venus un peu de partout, et qui avaient été ruinés par la guerre; ceux-là, exaspérés par les souffrances de l'exil, avaient hâte de se venger; d'autres encore qui avaient toujours vécu de la guerre, et qui ne savaient que faire pour vivre si la paix était faite, s'opposaient à toute soumission. Quelques nobles descendants des vieux chevaliers maures, et qui avaient hérité, de leur longue lignée d'ancêtres guerriers, d'une haine mortelle contre les chrétiens, considéraient que pour eux c'était pis que la mort que de voir Grenade, l'illustre Grenade, qui pendant des siècles avait été le siége de la grandeur et de la richesse des Maures, devenir la demeure des infidèles. Parmi les plus marquants de ces Maures, il en était un nommé Muza-ben-Abil-Gazan, homme de sang royal, fier et généreux et qui unissait la force à la beauté ; excellent cavalier et maniant avec la même habileté toutes les armes. Par sa bravoure il avait su inspirer la terreur à ses ennemis, et dans les tournois, les dames maures ne savaient quoi admirer le plus en lui : de sa grâce ou de son adresse.

Muza-ben-Abil-Gazan avait toujours déploré la politique hésitante dont Boadbil faisait preuve ; il essayait même d'en affaiblir les résultats en cultivant l'esprit guerrier des habitants de Grenade. A cet effet il avait institué des joutes et toutes sortes de jeux publics. Il chercha aussi à inspirer à ses compagnons d'armes ces nobles et chevaleresques sentiments de vaillance et de générosité, qui malheureusement ne se voient plus guère dans les nations arrivées au déclin. Les efforts désintéressés du Maure avaient cependant en partie réussi à l'égard d'une partie de la population ; il était devenu l'idole des jeunes guerriers qui le considéraient comme le modèle de la chevalerie, et ils faisaient leur possible pour imiter ses nobles et héroïques vertus.

Quand Muza sut que Ferdinand demandait à la ville de Grenade de se soumettre, ses yeux lancèrent des éclairs d'indignation.

— Le roi chrétien croit-il donc, dit-il, que nous sommes des vieillards, qui n'avons besoin que de bâtons pour nous soutenir, ou bien des femmes qui se contenteront de quenouilles? Qu'il sache qu'un Maure est né pour tenir la lance et le cimeterre, pour monter à cheval, tendre l'arc et lancer la javeline; privez-le de ceux-ci, et vous le privez de ce qui, pour lui, est devenu une seconde nature. Si le roi chrétien veut nos armes, qu'il vienne les prendre; mais nous les vendrons le plus cher possible. Quant à moi, une tombe sous les murs de Grenade, là où je serai tombé en la défendant, serait pour moi un lit plus doux que la plus riche couche dans des palais acquise aux prix de la soumission aux infidèles.

Ces paroles de Muza furent accueillies avec le plus grand enthousiasme par la partie guerrière des habitants. Grenade se leva comme un soldat qui s'éveille d'un sommeil honteux. Les commandants et le conseil firent répondre au roi Ferdinand qu'ils préféreraient mourir que de se rendre.

CHAPITRE LXXXIV

Quand le roi Ferdinand reçut le défi des Maures, il se prépara à commencer les hostilités.

Comme l'hiver ne permettait pas d'entrer de suite en campagne, il se contenta de renforcer les garnisons des villes et des forteresses des environs de Grenade, puis il donna le commandement de toute la frontière de Jaën à Inigo Lopez de Mendoza, comte de Tendilla, qui avait fait preuve de tant de vigilance et d'adresse en défendant le poste dangereux de l'Alhama. Cet illustre vétéran établit son quartier-général sur la montagne qui domine la ville d'Alcade la Réal; de là il commandait les passes les plus importantes de cette frontière.

De son côté, la ville de Grenade se préparait à la guerre; les chevaliers étaient redevenus les maîtres dans les conseils; et, depuis qu'ils avaient repris les armes, ils désiraient ardemment effacer par des faits de guerre glorieux la soumission qu'ils avaient jusque-là supportée.

Muza-ben-Abil-Gazan était l'âme de ce réveil national. Il commandait la cavalerie qu'il avait disciplinée avec beaucoup de soin. Entouré des plus nobles fils de. Grenade, auxquels il avait communiqué son ardeur généreuse et qui soupiraient après le combat, assuré de soldats qui lui étaient dévoués et prêts à le suivre partout, le vaillant Maure résolut de ne pas laisser refroidir ce courage. Bientôt des portes de Grenade sortirent des détachements de cavalerie légère qui firent des excursions jusqu'aux portes des forteresses ennemies, chassant devant eux les habitants et les troupeaux dont ils ne pouvaient s'emparer. Le nom de Muza avait fini par inspirer de la terreur sur toute la ligne des frontières. Dans les rencontres qui avaient lieu dans les montagnes entre les Castillans et les Maures, la légèreté et l'habileté de la cavalerie de ceux-ci leur assurait presque toujours l'avantage.

Quand les Maures virent revenir Muza chargé de butin, ils se réjouirent comme si c'était le retour de leurs anciens triomphes; mais quand ils virent les bannières des chrétiens apportées en triomphe dans leur ville, la joie de ce peuple si léger ne connut plus de bornes.

L'hiver était passé, le printemps s'ouvrait et pourtant Ferdinand hésitait à commencer les hostilités. Il savait la ville de Grenade trop bien défendue pour pouvoir être prise d'assaut, et elle était trop bien approvisionnée pour être promptement réduite à la famine.

—Il faut patienter et persévérer, dit le prudent monarque; en ravageant le pays cette année, il y aura disette l'année prochaine, et alors nous pourrons investir la ville avec succès.

L'intervalle de paix qui venait de s'écouler avait suffi pour rendre à la véga toute sa luxuriante beauté; les verts pâturages sur les bords du Xenil étaient couverts de nom-

breux troupeaux, les beaux vergers promettaient une abon-
dante récolte, et dans les plaines le grain était prêt à être
récolté. Tout à coup, Ferdinand, avec une armée composée
de quatre mille cavaliers et de vingt mille fantassins, parut
sous les murs de Grenade. Il avait laissé la reine et la princesse dans la forteresse de Moclin, et arrivait accompagné
du duc de Medina Sidonia, du marquis de Cadix, du marquis
de Villena, d'Urena et Cabras, de don Alonzo d'Aguilar et
d'autres braves chevaliers.

Pour la première fois, Ferdinand emmena son fils, le
prince Juan, avec lui, et le reçut chevalier. Sans doute
pour stimuler l'ardeur du jeune prince, la cérémonie eut
lieu sur les bords du grand canal, presque sous les murailles
de cette ville guerrière, au milieu de cette véga fameuse qui
avait vu tant d'exploits chevaleresques. Au dessus de cette
vallée semée de coteaux et de vergers délicieux, et que protégeait l'étendard de Mahomet, se balançaient les tours
rouges de l'Alhambra.

Le duc de Medina Sidonia et le brave Ponce de Leon,
marquis de Cadix, furent les parrains du jeune prince. Dès
qu'il eût été fait chevalier, le prince accorda le même honneur à plusieurs jeunes gens de la plus grande noblesse, et
qui, comme lui, brûlaient de se distinguer.

Ferdinand ne tarda pas à mettre ses plans à exécution. Il
envoya des détachements de troupes ravager le pays; les
villes furent mises à feu et à sang, et dans toute son étendue la
véga offrit encore une fois l'aspect de la ruine et de la désolation. Ces troupes de partisans s'approchèrent parfois si près
de Grenade, que la fumée de leurs campements provisoires
put s'élever jusqu'aux tours où l'infortuné Boabdil se tenait enfermé pour échapper à la colère de ses sujets. Le

malheureux roi pouvait voir du haut de son palais tout le mal fait dans la campagne par son ancien allié. Il n'osait se montrer parmi son peuple qui l'exécrait comme la cause de tant de malheurs.

Cependant les Maures ne laissèrent pas les chrétiens comme autrefois tout ravager sans s'y opposer. Muza les poussa à faire des sorties fréquentes. Ayant divisé sa cavalerie en petits détachements, il en confia le commandement à ses plus hardis officiers. Il leur donna mission de rôder autour du camp des chrétiens, de les harasser en faisant de fréquentes sorties par toutes les portes afin d'empêcher les convois d'arriver, de tendre des embûches aux bandes qui ravageaient le pays, de se cacher dans les rochers et les passes des montagnes, enfin de se dresser à toutes sortes de surprises et de stratagèmes.

Un jour que l'armée chrétienne s'était imprudemment aventurée jusqu'à la véga, et que les troupes, sous les ordres du marquis de Villena, s'approchaient des montagnes, ils aperçurent des paysans maures chassant des troupeaux devant eux, dans une vallée étroite. Voulant s'emparer de ces troupeaux, les chrétiens se mirent à la poursuite des paysans; mais à peine étaient-ils entrés dans la vallée qu'ils se virent entourés de tous côtés; quelques-uns des chrétiens s'enfuirent, les autres se défendirent vaillamment. Les Maures avaient l'avantage de la position ; ils lançaient des flèches du haut des rochers, et leur cavalerie portait la mort dans les rangs des chrétiens.

Au commencement du combat, le marquis de Villena et et don Alonzo de Pachéco s'étaient jetés au plus fort de la mêlée; le marquis avait vu son frère, ainsi que don Estevan de Suzon, tomber morts à ses côtés; secondé par son chambellan Solier et une poignée de chevaliers, il se défendait vaillamment contre les Maures, pour donner le temps aux chevaliers chrétiens, qui accouraient de toutes parts, de venir à leur secours. Mais le roi Ferdinand, voyant que les Maures avaient l'avantage de la position, donna le signal de la retraite.

Le marquis de Villena obéit à regret, car la mort de son frère avait rempli son cœur de tristesse et de fureur. Ayant aperçu son fidèle chambellan qui se défendait bravement contre six Maures, le marquis courut à ses côtés le défendre, tua deux infidèles et mit les autres en fuite; mais un de ces hommes, en fuyant, se souleva de sa selle et, avec une adresse incomparable, lui envoya sa lance qui, frappant le marquis au bras, l'estropia pour la vie, ce qui le força dans la suite à écrire avec la main gauche; heureusement, le vaillant homme pouvait encore tenir sa lance de l'autre main. Quelques années plus tard, la reine demanda au noble marquis de Villena pourquoi il avait ainsi mis sa vie en péril pour sauver celle d'un domestique.

— Votre Majesté, répondit-il, ne croit-elle pas que je devais exposer ma vie pour celui qui en aurait, au besoin, risqué trois pour moi s'il les avait eues?

La reine fut si enchantée de cette réponse, qu'elle citait souvent le marquis comme une exemple héroïque de cette époque chevaleresque.

Telles étaient les embûches que Muza préparait aux chrétiens. Jamais il ne balançait à se mesurer avec eux ; à chaque instant c'étaient de nouveaux défis. Aussi Ferdinand s'aperçut-il bien vite que les Maures provoquaient rarement ses troupes au combat, sans avoir pour eux l'avantage de la position, et qu'après tout les chrétiens, tout en ayant l'air de remporter toujours la victoire, éprouvaient néanmoins les plus grandes pertes. La façon dont les Maures se retiraient était le résultat d'une tactique habile et à eux familière; ainsi ils attiraient les chrétiens au combat, puis, profitant de la confusion que leur poursuite occasionnait, ils se retournaient et les mettaient en pièces. Ferdinand ordonna en conséquence à ses capitaines de refuser désormais tout défi et d'adopter un système de destruction plus sûr, en ravageant le pays et en faisant le plus de mal possible à l'ennemi.

CHAPITRE LXXXV

Sur une hauteur d'où l'on avait une vue immense sur la véga, à deux lieues de Grenade, s'élevait le château maure de Roma ; c'était un refuge pour les paysans qui y renfermaient leurs troupeaux et leurs effets les plus précieux quand les chrétiens faisaient des incursions ; les troupes maures, lorsqu'elles tentaient des sorties, si elles étaient surprises ou poursuivies, se jetaient dans Roma et, du haut de ses tours, mettaient au défi les chrétiens ou les narguaient.

La garnison de Roma s'était rendue si habile à protéger les défenseurs de Grenade, que souvent ceux-ci, poursuivis jusque sous ses murailles, avaient à peine le temps d'ouvrir ses portes et de les refermer devant les chrétiens, qui avaient plus d'une fois, laissant des morts sous les murs de cette forteresse maudite, perdu une proie qu'ils allaient atteindre.

Les ravages que les soldats de Ferdinand exerçaient dans leur incursion avaient éveillé la vigilance des troupes du château. Un matin ils virent arriver au galop cent quarante

Maures chassant des troupeaux devant eux et menant deux chrétiens enchaînés. Arrivés sous les murs du château, un chevalier richement vêtu et de noble apparence demanda l'hospitalité pour lui et les siens ; ils revenaient, dit-il, de faire une expédition dans les villes des chrétiens, mais étant poursuivis ils craignaient d'être attaqués avant d'arriver à Grenade. Les sentinelles de Roma descendirent et leur ouvrirent les portes. Les cours du château furent bientôt remplies des troupeaux, des chevaux appartenant aux nouveaux venus qu'à leur air de férocité on pouvait prendre pour des montagnards maures. Le chevalier qui avait porté la parole était leur chef ; c'était un homme d'un certain âge ; son fils, un jeune homme, l'accompagnait.

Pendant que les soldats du fort, réveillés en sursaut, regardaient les troupeaux qui encombraient les cours, les étrangers s'étaient dispersés dans le château, sans doute pour trouver de la nourriture et du repos. Il s'éleva soudainement de partout des cris répétés par les échos des cours, des salles et jusque sur les murs du fort. La garnison éperdue se précipita aussitôt sur ses armes, mais avant qu'elle eût eu le temps de se mettre en défense, elle était au pouvoir de ceux à qui elle venait de donner l'hospitalité.

Les Maures qui composaient la prétendue expédition étaient les mudexares, vassaux de Ferdinand ; ses chefs étaient Cidi Yahye et son fils. Les mudexares étaient descendus de leurs montagnes pour venir en aide au souverain de Castille pendant la campagne d'été, et ils avaient eu l'idée de surprendre ce château de Roma, afin de l'offrir au roi Ferdinand comme un gage de leur dévoûment.

Celui-ci combla les nouveaux convertis de dons de toutes sortes, pour les remercier de cette importante acquisition, mais quand il s'agit de mettre une garnison dans le fort, il n'y envoya que des chrétiens.

Quant aux soldats maures qui formaient la garnison de Roma, Cidi Yahye ne put cependant se décider à les livrer aux chrétiens; il leur permit de rentrer dans Grenade; ce qui, dit le pieux Agapida, était une preuve qu'il n'était pas tout à fait converti, et qu'il y avait encore du musulman dans son cœur.

La compassion du chef maure converti n'obtint pas le pardon de ses compatriotes; au contraire, quand les habitants de Grenade surent par quel stratagème Roma avait été prise, ils maudirent Cidi Yahye comme traître à sa patrie. Leurs imprécations redoublèrent et leur indignation ne connut plus de bornes, quand ils apprirent que le vieil El Zagal, leur ancien roi, par haine contre son neveu qui l'avait détrôné, était descendu des Alpuxarras pour grossir les troupes des chrétiens, content de devenir le vassal de Ferdinand, pourvu qu'il vît Grenade arrachée des mains de Boabdil.

Dans sa colère aveugle, le vieux roi tourna sa rage contre les siens, et servit ses plus mortels ennemis, les chrétiens. Jusque-là les Maures de Grenade avaient chanté ses louanges; ils avaient vu en lui une victime de son patriotisme; ils avaient toujours refusé de croire au traité qu'on l'accusait d'avoir fait avec les chrétiens. Mais quand ils virent du haut des murs de Grenade la bannière d'El Zagal flotter à côté de celle des infidèles, pour marcher contre son ancien peuple et contre la ville où il avait autrefois régné, ils l'accablèrent de toutes sortes de malédictions.

Ils revinrent alors à Boabdil; assemblés sous les murs de l'Alhambra, ils le saluèrent comme leur seul espoir, comme le sauveur de la patrie. Boabdil n'en pouvait croire ses oreilles, quand il entendit qu'on lui prodiguait des louanges et qu'on acclamait son nom. Encouragé par ce retour de popularité si peu attendue, il sortit de sa retraite et fut reçu par le peuple avec des cris de joie. On mit toutes ses erreurs passées sur le compte de la mauvaise fortune et son usurpation sur la tyrannie provoquante de son oncle. Toutes les malédictions dont le peuple chargeait El Zagal, devenaient des cris d'amour en l'honneur d'El Chico.

CHAPITRE LXXXVI

Pendant trente jours les chrétiens dévastèrent les belles
plaines de la véga ; les troupes de Ferdinand ayant mis
tout à feu et à sang, repassèrent le pont de Pinos et gravirent la montagne du côté de Cordova, emportant toutes les
dépouilles des villes et des villages, chassant devant eux les
troupeaux.

A ces nouvelles, Boabdil comprit enfin les intentions du
roi Ferdinand ; il vit qu'il n'y avait d'espoir pour lui que
dans la bravoure de ses troupes. Il n'y avait pas de temps à
perdre pour réparer le mal fait par les chrétiens ; il prit aussitôt des mesures pour faire arriver dans la ville ce dont les
habitants de Grenade avaient besoin.

A peine les troupes de Ferdinand furent-elles hors de vue,
que Boabdil sortit de l'Alhambra prêt à entrer en campagne.
Quand le peuple le vit se disposer à prendre les armes contre
son ancien allié, les hommes des deux partis se hâtèrent de

se mettre à ses ordres. Les hardis montagnards de la Sierra Nevada, montagnes qui s'élèvent au dessus de Grenade, descendirent pour assurer le jeune roi de leur dévoûment. Dans le grand jardin de la vivarrambla, on vit flotter les bannières des plus nobles Maures qui, sous les ordres du patriote Muza, suivaient le roi.

Le 15 juin, ces troupes sortirent de Grenade. A quelques lieues de cette ville, à l'entrée des vallées d'Alpuxarra se trouvait le château d'Ahendin; cette forteresse bâtie sur une hauteur au milieu de la ville, dominait une grande partie de la véga et le chemin principal qui menait aux riches vallées des Alpuxarras. Le chevalier chrétien, le vaillant Mendo de Quexada, en était le commandant; sa garnison était composée de cent cinquante guerriers, tous hommes d'une grande expérience. Ce château, aux mains des chrétiens, était une menace incessante contre Grenade. De ses tours, en effet, il dominait toute la contrée; ses soldats harcelaient les laboureurs maures de la véga et les empêchaient d'alimenter la ville; tous les convois étaient arrêtés par eux dans les passes des montagnes, et comme la garnison veillait aux portes de la ville, aucun marchand ne pouvait se mettre en route sans être pris par les faucons d'Alhendin.

Boabdil résolut d'attaquer cette forteresse, et comme il lui arrivait à chaque moment des troupes fraîches de Grenade, il put pousser vigoureusement le siége; le brave alcayde et sa garnison se défendirent vaillamment pendant six jours, mais enfin, fatigués de combats et de veilles, après avoir deux fois repoussé les assaillants, auxquels ils avaient fait perdre beaucoup de monde, le brave alcayde fut forcé de se retrancher avec ce qui lui restait de soldats dans la plus forte tour du château, d'où il continua à faire une résistance désespérée.

Les Maures, abrités sous un rempart de bois, qu'ils avaient recouvert de peaux mouillées pour le protéger contre les armes de trait et les combustibles, minèrent rapidement les fondations de la forte tour, qu'ils soutinrent avec des charpentes auxquelles on devait mettre le feu après avoir donné le temps aux assiégeants de se retirer. Pendant ce travail, les Maures lançaient des traits à l'aide d'arquebuses et d'arbalètes pour protéger leurs mineurs et chasser des murailles les chrétiens qui, de leur côté, faisaient pleuvoir des pierres, des traits et des combustibles enflammés sur les travailleurs.

Durant le siége, le brave Mendo de Quexada avait plus d'une fois regardé avec inquiétude du côté de la véga; espérant toujours voir arriver à son secours des troupes chrétiennes. Ses plus braves soldats tombaient autour de lui morts ou blessés, ou succombaient à la fatigue.

Les Maures avaient fini de miner les tours, et déjà l'on apportait le feu destiné à incendier les poutres qui les soutenaient, lorsqu'on fit sommation aux chrétiens de se rendre. A ce dernier moment, le brave alcayde fit signe qu'il renonçait à se défendre. Lui et les quelques braves qui lui restaient se rendirent prisonniers.

Boabdil fit abattre et mettre le feu à la forteresse d'Alhendin, afin qu'elle ne pût désormais servir de lieu de défense aux chrétiens. L'alcayde et ses compagnons de captivité traversaient tristement la véga, quand un bruit terrible arriva jusqu'à eux; ils se retournèrent et virent un nuage de poussière et de fumée s'élever d'un monceau de ruines qui, peu d'heures auparavant, était une forteresse puissante.

CHAPITRE LXXXVII

Boabdil continua le cours de ses succès en prenant les forteresses de Marchena et de Bulduy; il fit proclamer une croisade et appela près de lui tous les bons musulmans pour défendre leur foi. La nouvelle que Boabdil avait recommencé la guerre et était partout victorieux, se répandit bien vite parmi les Maures; la confiance, puis l'espoir revinrent, et beaucoup de ceux qui s'étaient soumis aux souverains de Castille se hâtèrent de secouer ce joug et coururent rejoindre Boabdil, qui crut un moment que tout le royaume allait se soulever et revenir sous son autorité.

Les fougueux chevaliers de Grenade voulaient recommencer sur les terres des chrétiens leurs anciennes sorties, qui leur avaient autrefois procuré tant de joie. Quelques-uns d'entre eux concertèrent une expédition dans le nord de Jaën, pour harasser les habitants des alentours de Quezada. Ils avaient entendu dire qu'une caravane composée de marchands et de riches voyageurs était en route pour Baza, et ils espéraient pouvoir s'emparer de tout le butin qu'elle portait.

Ces hardis chevaliers se réunirent donc en un certain nombre, bien montés, s'adjoignirent une centaine de fantassins, et sortirent le soir de Grenade; ils suivirent silencieusement les chemins les moins battus, sans rencontrer d'obstacle, et apparurent tout à coup comme s'ils tombaient des nues, au cœur du camp des chrétiens.

Les frontières de Jaën étaient placées sous le commandement du comte de Tendilla, le vétéran qui s'était distingué par tant de vigilance et de sagacité à la défense de la forteresse d'Alhama.

Le quartier-général du comte de Tendilla était dans la ville d'Alcala la Real; cette forteresse imprenable était située à peu près à six lieues de Grenade, sur de hautes montagnes, dominant toutes les frontières, d'où l'on voyait Grenade dans le lointain. Comme le comte avait des éclaireurs et des espions partout, pas un corbeau n'aurait pu passer la frontière sans qu'il le sût.

La forteresse d'Alcala servait de lieu de refuge aux prisonniers qui s'échappaient la nuit des cachots de Grenade; mais bien souvent pourtant ces malheureux se perdaient dans les défilés des montagnes, et se rendaient sans le savoir dans quelque ville maure, où ils étaient découverts et remis en captivité.

Le noble comte, pour prévenir ces accidents, avait fait bâtir à ses dépens une tour sur le haut d'une des montagnes de l'Alcala, d'où l'on pouvait parfaitement voir la véga et le pays des alentours; dans cette tour, une lumière brûlait nuit et jour, pour guider les fugitifs qui cherchaient un lieu de refuge.

Un soir, le comte est éveillé par des cris qui venaient du côté de la ville :

« Aux armes! aux armes! les Maures ont passé la frontière. »

Bientôt on lui amène un soldat chrétien, pâle et amaigri, qui portait encore les marques profondes des chaines des Maures; il raconta que ceux-ci l'avaient pris pour guide en sortant de Grenade, mais qu'il avait réussi à s'échapper dans les montagnes, et qu'après avoir erré longtemps, il avait pu, à l'aide du phare, se diriger vers Alcala.

Le comte, malgré l'agitation que l'arrivée du fugitif avait causée, l'écouta attentivement dans le plus grand calme, voulant savoir exactement quand les Maures étaient partis de Grenade, quel chemin ils avaient suivi, et où ils devaient être en ce moment. Le comte comprit, aux détails circonstanciés que lui donna ce soldat, qu'il était trop tard pour empêcher les Maures de piller et de ravager le pays; mais il résolut de les attendre au passage et de leur ménager un chaud accueil à leur retour vers Grenade. A cet effet, il choisit cent cinquante lanciers, tous hommes forts et vaillants et bien disciplinés, comme l'étaient d'ailleurs toutes ses troupes; il les fit défiler en silence, avant le lever du soleil, le long des montagnes, et les mit en embuscade dans le lit desséché d'un torrent près de Barzina, à trois lieues de Grenade, sur le chemin par où devaient passer les maraudeurs pour rentrer dans la ville. En même temps, il envoya des éclaireurs sur toutes les hauteurs pour l'avertir de l'arrivée de l'ennemi.

Les chrétiens avaient passé déjà toute la journée et une partie de la nuit cachés dans le ravin, sans voir un seul turban, sinon celui de quelque laboureur revenant des champs ou de quelque muletier solitaire se dirigeant vers Grenade. Ils commençaient à s'impatienter, craignant que l'ennemi n'eût pris une autre route, ou bien encore qu'il n'eût été informé du piége qui l'attendait. Déjà ils pressaient le comte pour qu'il abandonnât l'entreprise et les ramenât à Alcala.

— Nous sommes ici, disaient-ils, presque aux portes de la capitale maure ; il est possible que nous ayons été vus, et avant que nous les apercevions, les légions de cavalerie légère de Grenade peuvent tomber sur nous, en grande force, et nous tailler en pièces.

Le comte de Tendilla ne se laissa pas convaincre ; il persista à attendre l'arrivée de ses éclaireurs. Deux heures avant le jour on vit des feux scintiller au loin dans les avant-postes des Maures. Peu après accoururent les éclaireurs.

— Les Maures sont tout près d'ici, dirent-ils ; ils sont environ deux cents, mais ils sont embarrassés de plusieurs prisonniers et chargés de beaucoup de butin.

Les chrétiens se couchèrent par terre et entendirent en effet les pas des chevaux et des soldats. Ils s'élancèrent sur leurs montures, attachèrent leurs boucliers, mirent leurs lances en arrêt et s'approchèrent en silence du ravin, du côté du chemin.

Les Maures avaient réussi à surprendre des convois de chrétiens en route pour Baza. Ils avaient fait prisonniers un grand nombre d'hommes et de femmes, et s'étaient saisis de l'or, de l'argent et des mules chargées de toutes sortes de richesses. Ils avaient marché avec précaution et célérité tant qu'ils avaient été dans les parties dangereuses des montagnes, mais maintenant qu'ils étaient si près de Grenade, ils se croyaient en sûreté, et avaient par conséquent ralenti le pas, marchant sans régularité, chantant et se riant entre eux de ce qu'ils avaient pu tromper la vigilance si vantée du comte de Tendilla; par moments on entendait aussi les lamentations des femmes qui avaient tout à craindre des Maures, et les soupirs des marchands qui avaient été spoliés de leurs richesses.

Le comte de Tendilla attendit qu'une partie de l'escorte eût passé le ravin; il donna alors le signal de l'attaque. Ses cavaliers s'élancèrent avec impétuosité au milieu de l'ennemi; l'obscurité et l'heure avancée de la nuit ajouta à la terreur qui frappa les Maures; un désordre inexprimable se manifesta parmi eux; quelques-uns seulement se rallièrent, se battirent en désespérés, et tombèrent couverts de blessures. Trente-six furent tués et cinquante-cinq faits prisonniers; le reste à la faveur de l'obscurité put s'échapper, gagnant les rochers et les défilés des montagnes. Le comte rendit les prisonniers à la liberté, et ramena la joie au cœur des marchands, en leur restituant tous leurs effets; les femmes aussi rentrèrent en possession de leurs bijoux. Quarante magnifiques chevaux de Barbarie, de superbes armures et des dépouilles de toutes sortes restèrent aux mains du comte et de ses chevaliers, qui, ayant tout ramassé à la hâte, se dirigèrent au plus vite vers Alcala la Real, craignant que les fuyards n'eussent prévenu les Grenadins et que ceux-ci ne fissent une sortie et ne les poursuivissent. Comme il gravissait la montagne, il vit accourir à lui les habitants de la ville dans la plus grande allégresse. Le noble comte fut doublement heureux de son triomphe, car sa femme, qu'il n'avait pas vue depuis deux ans, vint le recevoir aux portes de la ville. C'était une femme d'un grand mérite et fille du marquis de Villena. Il avait été séparé d'elle par les terribles devoirs de cette rude guerre.

CHAPITRE LXXXVIII

Le roi Boabdil, sentant que son territoire si restreint
déjà se trouvait trop près des forteresses comme celle d'Alcala la Real, et sous le commandement d'un alcayde aussi
vigilant que le comte de Tendilla, pour que ses ressources
intérieures pussent lui suffire longtemps, songea combien
un port par lequel, comme autrefois, il pourrait faire venir
des vivres et des renforts de l'Afrique lui serait utile ; mais
malheureusement tous les ports et les havres étaient aux
mains des chrétiens, et Grenade était éloignée de la mer.

Boabdil pensa alors au port de Salobrena. Cette ville,
dont nous avons déjà parlé, était située sur une haute colline au milieu d'une de ces riches végas ou plaines ouvertes
sur la Méditerrannée, et formant de profondes et vertes baies
dans les flancs des montagnes. Cette véga était couverte
d'une belle végétation ; on y voyait le riz, le coton, des
orangers, des citronniers, des figuiers et des jardins entou-

rés de haies formées de roseaux, d'aloès et de figuiers indiens.
Les ruisseaux d'eau fraîche qui coulent des sources de la
Sierra Nevada faisaient de cette belle vallée une sorte d'oasis
verdoyante, entourée de hautes montagnes et de promontoires s'avançant dans les terres ou dans la mer.

Le rocher de Salobrena s'élevait au milieu de cette riche
plaine, la coupant en deux et avançant jusqu'au bord de la
mer avec une toute petite plage que baignaient les vagues
bleues de la Méditerrannée.

La ville, qui couronnait le sommet et les côtés de cette colline rocheuse, était entourée de fortes murailles et de hautes
tours; tout au sommet, sur la partie la plus escarpée, se
dressait la forteresse, un énorme château fort qui paraissait
faire corps avec le rocher. Aujourd'hui encore, ses ruines
massives attirent les regards du voyageur, quand il passe
au dessous par un chemin taillé dans le roc et qui descend
dans la plaine.

La garde de cette forteresse si importante avait été confiée à don Francisco Ramirez de Madrid, capitaine général
de l'artillerie et celui de tous les chefs espagnols qui avait le
plus de science; pour le moment, ce brave chevalier se
trouvait près du roi à Cordova; un vaillant alcayde commandait la garnison pendant son absence.

Boabdil ayant été informé de la force et de l'état de la garnison, ainsi que de l'absence de son commandant, conçut le
dessein de s'en emparer; à cet effet, il se mit à la tête
d'une partie de ses troupes et sortit de Grenade, espérant,
en traversant rapidement les montagnes, se saisir de Salobrena, avant que Ferdinand pût venir à son secours.

Les habitants de la ville de Salobrena étaient des mudexares ou Maures depuis peu soumis aux chrétiens; quand

ils entendirent le son des tambours et des trompettes maures.
et qu'ils virent les escadrons de leurs compatriotes s'avancer
à travers la plaine, leurs cœurs s'élancèrent vers ceux de leur
nation et leurs frères en religion : la foule acclama le nom
de Boabdil et ils coururent lui ouvrir les portes.

Les chrétiens qui gardaient la ville, ne se sentant pas
assez nombreux pour résister, se réfugièrent dans la forteresse dont les murs étaient si massifs qu'on les disait im-
prenables, déterminés à se défendre vaillamment jusqu'à ce
qu'on leur envoyât du secours des forteresses voisines.

La nouvelle que la ville de Salobrena était assiégée par
les Maures se répandit bien vite dans la contrée et jeta la
consternation parmi les chrétiens. Don Francisco Enriquez,
oncle du roi, et qui commandait dans la ville de Vélez-Malaga, située à quelque douze lieues de Salobrena, mais sépa-
rée par des montagnes qui, près de la Méditerrannée, sont
très hautes et très escarpées. Don Francisco réunit les alcaydes sous ses ordres pour aviser aux moyens d'aller secourir Salobrena. Plusieurs chevaliers avec leurs vassaux
se hâtèrent d'accourir; parmi eux se trouvait Fernando
Perez del Pulgar, surnommé El de los Hazañas (l'homme aux
exploits), le même chevalier qui dans une sortie avait attaché son mouchoir à sa lance en guise de bannière, et s'était
élancé, à la tête de ses compagnons découragés, sur l'ennemi qu'ils mirent en fuite. Dès que don Francisco se vit
entouré de ces chevaliers, il se mit en marche pour Salobrena. Le chemin n'était pas facile; il fallait gravir et descendre de hautes montagnes, et quelquefois suivre des chemins qui bordaient des précipices, au dessus de la mer.

Enfin, don Francisco et sa troupe arrivèrent sur l'un des
promontoires escarpés qui s'élevaient sur l'un des côtés de la

petite vallée de Salobrena. Là il put voir avec désespoir que l'armée maure était campée au pied même de la forteresse, et que ses bannières flottaient sur les murailles de la ville. Un seul étendard aux insignes chrétiens se voyait sur les hauteurs du château et annonçait que la brave garnison était renfermée dans cette forteresse.

Don Francisco ne tarda pas à reconnaître qu'il lui serait impossible de déloger les Maures et de venir au secours des assiégés. Néanmoins il installa ses soldats près de la mer, sur une hauteur, où ils étaient à l'abri des atteintes de l'armée maure. La vue de la bannière amie de don Francisco, l'oncle de Ferdinand, rendit du courage à la garnison; elle semblait lui promettre de prompts secours du roi.

Fernando Perez del Pulgar, qui brûlait toujours de s'illustrer par de brillants exploits, ayant remarqué, dans ses courses autour du camp des Maures, une poterne du château, située dans une partie de la montagne, qui paraissait inaccessible, et qui par cela même était moins pressée par les Maures, résolut de communiquer avec la garnison par ce côté périlleux. Élevant la voix dans le camp de Francisco :

— Qui veut suivre ma bannière, dit-il, et prendre cette poterne en ma compagnie?

En temps de guerre il se trouve toujours des hommes aventureux pour accepter la proposition la plus hardie. Soixante et dix hommes s'élancèrent de suite à l'appel de Pulgar. Il se mit aussitôt à leur tête, et se fraya, avant qu'on eût songé à s'y opposer, un chemin à travers le camp des Maures et gravit le rocher avec ses intrépides compagnons. Arrivés à la poterne, elle leur fut incontinent ouverte, si bien qu'ils purent entrer dans la forteresse avant que Boabdil et les chefs maures fussent même informés de leur expédition.

Ce secours inattendu rendit le courage à la garnison qui put faire une résistance plus vigoureuse. Mais les Maures, qui savaient qu'elle manquait d'eau, espéraient que ce surcroît d'hommes mettrait bien vite les citernes à sec et forcerait les chrétiens à se rendre. Quand Pulgar fut informé de l'espoir que nourrissaient les infidèles, il fit descendre un seau d'eau des créneaux et leur jeta une coupe d'argent comme défi.

La situation de la garnison empirait cependant chaque jour ; elle souffrait d'une soif ardente que surexcitait encore la vue de sources fraîches et limpides coulant au dessous d'eux, dans les vertes prairies. Ces pauvres gens commençaient à craindre qu'on ne pût les secourir à temps, quand un jour ils aperçurent en mer quelques vaisseaux trop loin encore pour être reconnus, mais qui se dirigeaient sur le château. Pendant quelque temps ils eurent la crainte que ce ne fût une flotte ennemie venant d'Afrique, mais bientôt, à leur grande joie, ils purent distinguer la bannière de Castille.

C'était des secours qu'amenait le gouverneur de la forteresse don Francisco Ramirez. Les vaisseaux jetèrent l'ancre au pied d'une île escarpée qui s'élève du bord du rivage, en face du rocher de Salobrena, lequel s'avance dans la mer. Ce fut sur ce rocher, hors des atteintes des Maures, que Ramirez débarqua une troupe trop peu nombreuse pour livrer bataille, mais suffisante pour faire une diversion utile. En effet, quand Boabdil attaqua la forteresse, d'ailleurs vigoureusement défendue par Fernando del Pulgar, d'un côté, des troupes de Francisco Enriquez descendirent de leur rocher, tandis que celles de Ramirez sortirent de leur île et tombèrent sur son camp.

Sur ces entrefaites, Boabdil dut aller au secours d'Adra,

petit port qui s'était d'abord rendu à lui, mais qui venait d'être repris pour les chrétiens par Cidi Yahye et son fils Alnayer. Vainement Boabdil essaya de déloger l'ennemi. Le malheureux prince, harassé de tous côtés, perdit rapidement tous les avantages que lui avait procurés sa marche rapide de Grenade. Pour comble de malheur, il apprit que le roi Ferdinand arrivait, avec de nombreuses troupes, au secours de la forteresse.

Boabdil se décida à attaquer Salobrena une dernière fois, mais, repoussé par Pulgar et ses alliés, il fut forcé de lever le siége, pour éviter de rencontrer Ferdinand. Pour se consoler, il ravagea sur sa route les terres qui appartenaient à El Zagal et à Cidi Yahye; il battit leurs alcaydes, détruisit leurs forteresses, brûla leurs villages, et laissant tout le pays à feu et à sang, il rentra enfin dans l'Alhambra chargé de dépouilles de toutes sortes.

CHAPITRE LXXXIX

Boabdil était à peine rentré dans sa capitale, que le roi
Ferdinand descendait dans la véga, à la tête de sept mille
cavaliers et de vingt mille fantassins. Il était parti en toute
hâte de Cordova pour venir secourir Salobrena; mais ayant été
informé en route que Boabdil avait levé le siége, il s'était dirigé
vers Grenade, où bientôt il mit pour la seconde fois tout à
feu et à sang autour de cette malheureuse ville. Vainement
les Maures firent de nombreuses sorties pour empêchér cette
œuvre de destruction, tous leurs efforts furent inutiles, et
Grenade, autrefois la reine des jardins, se trouva entourée
d'un désert.

Mais au même moment Ferdinand fut obligé de quitter
son armée pour aller étouffer une conspiration qui venait
d'éclater dans les villes de Guadix, de Baza et d'Alméria.
Ces villes avaient appelé en secret le roi Boabdil, l'invitant à
venir, et lui promettant de lui ouvrir leurs portes. Le marquis

de Villena, informé de ce qui se tramait, s'était rendu avec des forces considérables dans Guadix. Sous prétexte de passer en revue la population maure, il la réunit hors de la ville, dans les champs, puis il fit fermer toutes les portes, ne permettant aux malheureux de rentrer que deux ou trois à la fois et seulement pour venir chercher leurs femmes, leurs enfants et quelques vêtements. Les pauvres Maures se trouvant sans asile, furent forcés d'élever à la hâte des cabanes dans les jardins et dans les vergers autour de la ville. A leurs lamentations d'être ainsi expulsés, on répondit qu'il fallait attendre une enquête qui allait être faite, et surtout que l'on sût le bon plaisir du roi (1).

Le roi Ferdinand étant arrivé de Grenade, ces malheureux se plaignirent amèrement des déceptions qu'ils avaient éprouvées, et supplièrent le roi de leur permettre de rentrer dans la ville et d'y vivre tranquillement comme il le leur avait promis dans les articles de la capitulation.

Le roi les écouta avec bonté.

— Mes amis, leur dit-il, on m'a informé que vous aviez conspiré pour tuer mon alcayde et ma garnison, et passer au roi de Grenade. Je ferai une enquête ; ceux d'entre vous qui sont innocents rentreront chez eux, mais les coupables seront punis. Pourtant comme je veux être aussi miséricordieux que juste, je vous permets de partir et d'emmener avec vous vos familles et ce que vous avez de précieux ; si vous voulez rester, il faudra me livrer les coupables qui, d'ailleurs, je vous le promets, n'échapperont pas au châtiment qu'ils méritent.

Quand les habitants entendirent ces paroles, ils se con-

(1) Zurita, lib. xx, cap. lxxxv.— Cura de los Palacios, cap. xcvii.

sultèrent entre eux ; et comme la plupart, dit le digne Agapida, étaient coupables ou passaient pour l'être, ils acceptèrent l'offre que leur faisait le roi, et s'en allèrent tristement avec leurs familles. « Ainsi, » dit notre excellent historien Andrès Bernaldès, ordinairement nommé le curé de los Palacios, « le roi délivra Guadix des ennemis de « notre sainte religion, qui l'avaient tenue en leur possession « sept cent soixante et dix ans, depuis Roderick le Goth ; « et ceci est un des mystères du Seigneur qui ne voulut pas « que cette ville restât plus longtemps au pouvoir des « Maures. » Cette pieuse remarque est citée avec approbation par le digne Agapida.

Le roi Ferdinand fit les mêmes offres aux Maures de Baza, d'Almeria et des autres villes accusées d'avoir trempé dans cette conspiration ; presque toutes ces populations préférèrent d'abandonner leurs foyers plutôt que de courir le risque d'une conquête ; la plupart partirent pour l'Afrique ; ceux qui ne le purent obtinrent la permission de rester dans les villages, hameaux, et autres places ouvertes (1).

Tandis que Ferdinand était occupé à Guadix à rendre justice aux populations maures, le vieux roi El Zagal parut devant lui ; presque fou de colère, il avait les traits décomposés par la souffrance. Son petit domaine et ses deux mille sujets d'Andarax étaient devenus aussi difficiles à gouverner que son ancien royaume de Grenade. Le charme qui le liait aux Maures avait été rompu du jour où il s'était allié à Ferdinand. Il revenait de sa triste campagne, suivi de sa petite armée de deux cents hommes. Dès que ses sujets avaient appris les succès de Boabdil el Chico, ils s'étaient

_____

(1) Garibay, lib. XIII, cap. XXXIX. — Pulgar, lib. III, cap. CXXXII.

déclarés pour le jeune monarque, refusant d'obéir à Muley-Abdallah el Zagal (1), menaçant même de le tuer. Cette dernière épreuve l'avait guéri du désir d'être roi et il venait demander à Ferdinand de lui acheter les terres, les châteaux et autres possessions dont il lui avait fait don ; il offrait de les lui vendre à bon marché, le suppliant de lui accorder, ainsi qu'à ses soldats, un passage sur ses vaisseaux pour se rendre en Afrique. Le roi Ferdinand accueillit gracieusement cette demande ; il acheta ainsi vingt-trois villes et villages dans les vallées d'Andarax et d'Alhauren, qu'il paya quinze millions de marevedis. El Zagal abandonna la moitié des salines qui lui appartenaient à son beau-frère Cidi-Yahye. Ensuite il fit emballer ses trésors, et, suivi de plusieurs familles maures, il passa en Afrique (2).

Ici nous nous arrêtons un moment pour jeter un coup d'œil sur les derniers jours d'El Zagal ; son règne si court et si agité et dont la fin fut si triste doit servir de leçon aux ambitieux, s'il était possible que quelque chose leur profitât. Arrivé en Afrique, il fut pris et jeté en prison par les ordres du roi de Fez, qui le traita comme s'il était son vassal. On l'accusa d'avoir semé la dissension parmi les Maures d'Espagne et causé la perte de Grenade. Tous ses biens, la cause peut-être de tant de persécutions, furent confisqués au profit de son oppresseur et on ne lui rendit la liberté qu'après lui avoir ôté la vue, à l'aide de plaques chauffées. Pauvre, aveugle et abandonné, le malheureux roi chercha en tâtonnant son chemin à travers Tingitania, jusqu'à la ville de Vélez de Goméra, dont le roi avait été autrefois son allié.

(1) Cura de los Palacios, cap. XCVII.
(2) Conde, part IX, cap. XLI.

Touché de ses souffrances, ce prince lui fit donner de la nourriture et des vêtements, et lui permit de rester en paix dans son royaume. La mort qui emporte si souvent les heureux au milieu de plaisirs qu'ils n'ont pas encore goûtés, épargne au contraire ceux qui sont malheureux, afin qu'ils vident la coupe d'amertume jusqu'à la lie. El Zagal vécut encore plusieurs années dans Vélez, malheureux et abandonné de tous, devenu un objet de pitié et de mépris; par dessus ses vêtements il portait un écriteau sur lequel étaient tracés ces mots : « Voici le malheureux roi d'Andalousie! »

CHAPITRE XC

« Tu as perdu ta force, Grenade! ta beauté s'est flétrie, ville de bosquets et de fontaines! Ton commerce qui animait tes rues est mort, les marchands n'arrivent plus à tes portes chargés des produits des autres nations! Les villes qui te payaient tribut t'ont été arrachées; les chevaliers qui remplissaient tes virarramblas de leurs luxueuses parades, sont tombés sur les champs de batailles! Les tours de l'Alhambra s'élèvent encore dans les bosquets fleuris, mais la tristesse règne dans ses salles de marbre, et ton roi voit de son haut balcon un désert là où s'étendaient autrefois les splendeurs de la véga! »

C'est ainsi que les auteurs maures se lamentent de la chute de Grenade, devenue l'ombre de sa puissance d'autrefois. Deux fois les chrétiens avaient ravagé la véga; tout avait été détruit, et le laboureur n'avait plus le courage de planter, voyant que la moisson, quand elle était mûre, appelait les spoliateurs à sa porte.

Pendant l'hiver le roi Ferdinand prépara la dernière campagne qui devait décider du sort de Grenade. Comme cette guerre était entreprise pour le bien de la religion chrétienne, il pensa que ses ennemis devaient en faire les frais ; pour cela il taxa tous les juifs de son royaume, les forçant d'apporter à Séville le montant des sommes demandées (1).

Ferdinand et Isabelle passèrent les anciennes frontières maures le 11 avril, avec la détermination bien arrêtée de mettre là ville de Grenade en état de siége, et de ne pas partir avant d'avoir planté l'étendard de la foi sur les murs de l'Alhambra. Beaucoup de nobles, surtout ceux qui étaient éloignés du théâtre de la guerre, fatigués de tant de luttes, et prévoyant que ce siége se prolongerait, et demanderait plutôt de la patience et de la vigilance, que de glorieux faits d'armes, restèrent chez eux et se contentèrent d'envoyer leurs vassaux. Plusieurs villes fournirent des soldats à leurs frais, et le roi se mit en route avec quarante mille cavaliers et dix mille fantassins. Les capitaines qui le suivaient dans cette campagne se nommaient Roderigo Ponce de Leon, le marquis de Cadix, le maître de Santiago, le marquis de Villena, les comtes de Tendilla, Cifuentes, Cabra, Urena et don Alonzo de Aguilar.

La reine Isabelle, accompagnée de son fils, le prince Juan, et des princesses Juana, Maria et Cathalina, ses filles, se rendit à la forteresse de l'Alcala la Real, la forteresse du comte de Tendilla, d'où elle devait envoyer ce qui serait nécessaire à l'armée, ou se tenir prête à se rendre au camp, si sa présence y devenait nécessaire.

L'armée du roi Ferdinand entra dans la véga par plusieurs

______

(1) Garibay, lib. VIII, cap. XXXIX.

défilés de la montagne, et la tente royale fut plantée, le
23 avril, à une lieue et demie de Grenade, dans un village
nommé Los Ojos de Huescar. A l'approche de ces forces considérables, les malheureux habitants pâlirent, et même plusieurs des guerriers tremblèrent, sachant que cette attaque
serait d'autant plus terrible qu'elle serait la dernière.

Boabdil el Chico assembla son conseil dans l'Alhambra ;
des fenêtres de ce palais, les membres du conseil virent
arriver l'armée des chrétiens; aussi la plus grande confusion
régnait-elle parmi eux. Plusieurs des membres, craignant
pour leurs familles les horreurs d'une si terrible lutte, con-
seillaient à Boabdil de se fier à la générosité du roi chrétien;
d'autres, même des plus braves, se demandaient si l'on ne
devait pas essayer d'obtenir des conditions honorables.

Le gouverneur de la ville, Abul Casim Abdelmelek, fut
chargé de faire un rapport sur l'état des moyens de défense.

— Il y avait, dit-il, assez de vivres pour durer un mois,
indépendamment de ceux que possédaient les marchands et
autres habitants riches. Mais, ajouta-t-il, à quoi servent
des approvisionnements temporaires contre les siéges du roi
de Castille, qui sont interminables?

Il fit connaître ensuite le nombre d'hommes capables de
porter les armes.

— Ils sont nombreux, dit-il, mais que pouvez-vous attendre
de soldats citoyens; vantards en temps de paix, quand arrive
la guerre, ils ont tellement peur qu'ils se cachent.

A ces paroles, Muza se leva :

— Pourquoi vous désespérez-vous, dit-il; le sang des
illustres Maures, les conquérants d'Espagne, ne coule-t-il
plus dans vos veines? Soyons justes pour nous-mêmes et la

fortune nous sourira. Nous avons une armée, la fleur de la chevalerie maure, formée dans mille batailles. Quant aux citoyens soldats dont on parle si légèrement, pourquoi douter d'eux? Il y a vingt mille jeunes gens dans la vigueur de l'âge, qui, je l'affirme, pour défendre le sol natal, égaleront les plus vieux soldats. Manquerons-nous de provisions? Eh bien, nos chevaux sont légers à la course, et nos cavaliers, braves jusqu'à la témérité, feront des sorties. Laissez-les brûler et piller le pays des musulmans apostats qui se sont soumis aux chrétiens, et nous les verrons revenir chargés de butin; rien ne semble si bon au soldat que ce qui a été enlevé à l'ennemi.

Boabdil el Chico ne possédait pas un courage ferme et durable, mais il était aisément accessible aux émotions soudaines de la bravoure. Il s'enthousiasma aux paroles de Muza :

— Faites, dit-il à ses officiers, ce qui est nécessaire; je vous charge de tout ce qui regarde le bien public. Vous êtes les protecteurs du royaume, et avec l'aide d'Allah, vous vengerez l'insulte faite à notre religion, la mort de nos parents et de nos amis, et les souffrances que nous avons endurées (1).

A chacun on assigna la mission qu'il avait à remplir. Muza devait commander la cavalerie, défendre les portes et conduire les sorties. Nazim Reduan et Mohammed Aben Zayda furent nommés ses lieutenants; Abdel Kerim Zegri et les autres capitaines devaient garder les murs, et les alcaydes étaient préposés à la garde des hautes tours rouges et de la forteresse.

(1) Conde.

Bientôt on n'entendit plus dans Grenade que le bruit des armes et des préparatifs de résistance. L'esprit maure prompt à s'enflammer, mettait les chrétiens au défi. Muza se trouvait partout, encourageant les soldats ; les jeunes chevaliers le prenaient pour modèle ; les plus âgés le regardaient avec admiration, et le peuple le suivait avec des cris de joie, tandis que les femmes et les vieillards le bénissaient comme le protecteur de la ville.

Dès qu'on avait aperçu l'armée chrétienne, on avait fermé les portes, et on les avait assujetties avec des barres et de fortes chaînes. Muza donna des ordres pour qu'on les rouvrît.

— Moi et mes camarades, dit-il, nous défendrons les portes ; nos corps leur serviront de barrière.

Il plaça des hommes choisis parmi ses plus braves soldats à chaque porte ; ses cavaliers, toujours complétement armés, étaient prêts à se mettre en campagne ; leurs chevaux tout sellés et caparaçonnés, la lance et le bouclier à côté d'eux, attendaient dans les écuries. Dès qu'on apercevait l'ennemi, un escadron de cavaliers se rassemblait prêt à fondre sur lui. Muza ne fit pas de bravades ni de menaces inutiles ; mais il accomplit de brillants exploits, qui surpassèrent ceux des plus braves. Tel était le champion des Maures. S'il y en avait eu beaucoup comme lui au commencement de la guerre, Grenade ne serait pas tombée, et le Maure aurait probablement encore longtemps régné dans le palais de l'Alhambra.

CHAPITRE XCI

Sans doute Grenade était dépouillée de son ancienne
splendeur, et bien qu'il semblât presque impossible de lui
venir en aide, ses châteaux et ses remparts devaient défier
néanmoins bien longtemps encore toute attaque; dans cette
ville, le dernier asile des Maures, étaient venus se réfugier
tous les débris de ces vaillantes armées qui avaient défendu le sol pas à pas contre l'invasion des chrétiens; le
danger si imminent avait activé et réchauffé le patriotisme
de tous, et Grenade, qu'un sentiment de sécurité avait endormie, présentait, à l'heure du danger, un aspect formidable.

Ferdinand ayant reconnu que tout essai de prendre la
ville de force lui coûterait trop de sang, et ce prince sage et
prudent aimant mieux d'ailleurs les conquêtes dues à l'habileté qu'aux chances de la guerre, eut recours au plan qui lui
avait si bien réussi à Baza, et se détermina à réduire la ville

par la famine. Il organisa à cet effet son armée, envoya des
troupes au cœur des Alpuxarras, pour mettre toutes les villes
et les vallées qui fournissaient des vivres à Grenade à feu et
à sang ; d'autres du haut des montagnes battaient la campagne derrière Grenade, afin de se saisir des convois chargés
de provisions.

Mais les Maures devinrent plus audacieux, à mesure que
leur situation était plus désespérée. Jamais Ferdinand ne
les avait vus faire des sorties aussi multipliées et aussi har-
dies. Muza, à la tête de sa cavalerie, harassait les abords du
camp chrétien ; quelquefois même il pénétrait jusqu'à l'intérieur, ravageant tout ce qui se trouvait sur son chemin,
et son passage était marqué par le sang des tués et des
blessés.

Pour protéger ses troupes contre ces invasions, Ferdinand
fit creuser de profondes tranchées et élever de solides remparts quadrangulaires autour de son camp, des tentes et des
cabanes faites de branches d'arbres pour les chefs et les soldats
furent construites et traversées par des rues comme dans une
ville. Quand ces travaux furent achevés, la reine Isabelle vint
au camp avec sa cour, afin d'assister au siége de la ville. La
présence de la reine au camp annonçait, comme pour le siége
de Baza, la volonté bien arrêtée de la part des souverains de
camper jusqu'à la reddition de la ville. Après son arrivée,
Isabelle visita le camp et ses environs ; elle était accompagnée
d'une suite nombreuse, et tous les commandants rivalisèrent à
qui la recevrait avec le plus de magnificence. De tous côtés
ce n'étaient que fanfares et cris joyeux, qui firent croire aux
Maures que le plaisir et la gaîté régnaient dans le camp
chrétien.

L'arrivée de la reine, et la durée probable du siége ne

découragèrent pas les chevaleresques Maures. Muza inspirait le dévoûment le plus héroïque aux jeunes guerriers.

— Nous n'avons à défendre que cette terre, leur dit-il; quand elle sera perdue pour nous, nous n'aurons plus ni pays, ni nom.

Voyant que Ferdinand n'attaquait pas, Muza invitait ses chevaliers à défier les chrétiens à des combats singuliers ou à de légères escarmouches. Il ne se passait pas de jour sans qu'il y eût quelque engagement; les combattants rivalisaient de splendeur par leurs armures et leurs équipements. Ces rencontres ne ressemblaient pas du tout à la guerre; elles avaient, au contraire, bien plus l'air de tournois cérémonieux. Ferdinand s'apercevant qu'elles entretenaient le courage de ses ardents ennemis, tandis qu'au contraire ses plus braves chevaliers y trouvaient la mort, fit de nouveau défendre à ses officiers d'accepter de défi des Maures, et d'éviter toute rencontre. Cette résolution froide et dure du roi pesa sans doute sur l'esprit généreux des deux nations, mais elle éveilla surtout l'indignation des Maures quand ils découvrirent qu'ils devaient être conquis de cette façon honteuse.

— A quoi, dirent-ils, servent les vertus héroïques de la chevalerie? le roi des chrétiens ne fait pas la guerre d'une manière magnanime; il veut nous réduire par la faiblesse physique, mais il craint le courage de l'âme.

CHAPITRE XCII

INSOLENT DÉFI DE TARFE, LE MAURE. — EXPLOIT AUDACIEUX DE FERNAND
PEREZ DEL PULGAR.

Quand les chevaliers maures virent que tout défi courtois était refusé par les chrétiens, ils cherchèrent les moyens de les provoquer au combat. Parfois bien montés, ils s'approchaient du camp et jetaient leur lance à laquelle ils avaient attaché un écriteau portant leur nom accompagné d'un défi insultant. Ces bravades irritaient beaucoup les chrétiens qui ne pouvaient y répondre.

Parmi les chevaliers maures il s'en trouvait un nommé Tarfe, célèbre pour sa force et son adresse; quant à son courage, c'était plutôt une audace féroce, que de l'héroïsme chevaleresque. Dans une de ces sorties, ce Maure arrogant devança ses compagnons, franchit les barrières et s'approchant de la demeure des souverains, il jeta sa lance avec tant d'adresse qu'elle vint s'enfoncer tout près du pavillon. Les gardes royales s'élancèrent à sa poursuite, mais les cavaliers maures étaient déjà si loin, que l'on n'apercevait plus d'eux qu'une nuée de poussière. Quand on arracha la lance, on vit qu'elle portait un écriteau disant qu'elle était à l'adresse de la reine.

On peut s'imaginer l'indignation que cette insolente bravade souleva dans le camp des chrétiens, quand ils surent à qui l'insulte était faite. Ferdinand Perez del Pulgar nommé, « le chevalier des exploits » était présent ; il résolut de ne pas être bravé plus longtemps par cet audacieux infidèle.

— Qui, dit-il, à ceux qui l'entouraient, veut venir avec moi, tenter une entreprise où il y a grand danger?

Tous les chrétiens connaissaient la bravoure audacieuse de del Pulgar. Aussi pas un d'entre eux n'hésita à le suivre. Il choisit quinze compagnons, tous hommes vigoureux et d'un courage à toute épreuve. Ils partirent du camp la nuit et s'approchèrent sans bruit de la ville, jusqu'à ce qu'ils se trouvassent devant une porte placée près du Darro et qui était confiée à des fantassins. Ces hommes qui ne s'attendaient pas à être attaqués à pareille heure, étaient presque endormis. La porte fut enfoncée et une mêlée s'ensuivit, à laquelle Fernando del Pulgar ne s'arrêta pas à prendre part ; il s'élança à travers la ville, jusqu'à ce qu'il se trouvât près de la mosquée. Là il descendit de cheval, se mit à genoux et en prit possession par la prière, comme d'une chapelle chrétienne, qu'il dédia à la sainte Vierge. Comme témoignage de cette cérémonie, il cloua sur la mosquée, avec son épée, une tablette qu'il avait apportée avec lui et sur laquelle était écrit en grandes lettres : *Ave Maria*. Ensuite il se remit en selle et galopa vers la porte ; l'alarme avait été donnée, la ville était tout en émoi ; les soldats arrivaient de tous côtés, et les habitants regardaient avec étonnement ce soldat chrétien qui traversait à cette heure toute leur ville. Renversant les uns et tuant les autres, Fernando del Pulgar rejoignit ses compagnons, qui s'étaient maintenus à la porte avec une grande bravoure, et tous ensemble ils repartirent pour le camp.

Les Maures ne pouvaient se rendre compte d'un assaut aussi apparemment stérile. Mais quel ne fut pas leur étonnement quand, le lendemain au jour, ils virent l'*Ave Maria* élevé au centre de leur ville, en preuve de cette prouesse extraordinaire. La mosquée ainsi sanctifiée fut, après la reddition de Grenade, transformée en cathédrale (1).

(1) Comme souvenir de ce fait audacieux, l'empereur Charles V accorda à Fernando del Pulgar le droit de sépulture pour lui et ses descendants dans la cathédrale, et le privilége d'avoir sa place dans le chœur pendant la messe. Fernando était aussi instruit que bon soldat; il écrivit pour Charles V et lui dédia une relation sommaire des exploits de Gonsalve de Cordoue, surnommé le Grand Capitaine, qui avait été son compagnon d'armes. On le confond très souvent avec Ferdinand de Pulgar, historien et secrétaire de la reine Isabelle. (Voyez note des *Chroniques des Rois catholiques*, part. III, chap. III, par Pulgar. Édition Valancia, 1780.

CHAPITRE XCIII

Le camp des chrétiens était trop éloigné de la ville pour
que l'on pût s'en former autre chose qu'une idée générale.
Elle s'élevait au milieu d'une plaine semée de collines couvertes de palais somptueux défendus par des forteresses
puissantes. La reine Isabelle eut le désir de voir de plus près
cette merveille de beauté; le marquis de Cadix, avec sa galan-
terie habituelle, prépara une escorte pour la protéger ainsi
que les dames de sa cour, tandis qu'elles jouiraient de ce
plaisir si rempli de périls.

C'était quelque temps après les événements que nous
venons de raconter; une magnifique cavalcade sortit du
camp des chrétiens. L'avant-garde se composait de légions
de cavalerie si bien armées, qu'elles avaient l'air de masses
de fer poli. Venaient ensuite le roi, la reine, les princes et
les princesses, puis les dames de la cour. Cette brillante
compagnie était escortée par la garde du roi, magnifique-

ment costumée et qui avait été recrutée parmi les fils des plus nobles maisons d'Espagne ; cette troupe était suivie de toute la fleur de l'armée.

Les Maures, du haut de leurs murailles, regardaient avec une admiration craintive ce cortége imposant qui s'avançait à travers la véga aux sons mélodieux de la musique, tandis que les plumes, les bannières, les écharpes de soie, de riches brocards, cachaient sous une apparence de joie et de splendeùr la guerre et ses tristes conséquences.

Le brillant cortége se dirigea vers le hameau de Zubia, bâti sur le versant des montagnes à la gauche de Grenade ; de ces hauteurs on pouvait voir l'Alhambra et les plus beaux quartiers de la ville. Quand on fut tout près du hameau, le marquis de Villena, le comte Urena et don Alonzo d'Aguilar défilèrent avec leurs bataillons et se placèrent du côté de la montagne, qui était au dessus du village, et les comtes de Tendilla et de Cabra, et don Alonzo Fernandez rangèrent leurs troupes dans la plaine au dessous du hameau, mettant ainsi une barrière de loyaux chevaliers entre les souverains et la ville. Ainsi protégés de tous côtés, ceux-ci mirent pied à terre et entrèrent avec toute leur suite dans le village, qui avait été préparé pour les recevoir. Les dames de la cour regardaient avec une curiosité mêlée d'orgueil ces tours rouges que surmontait l'Alhambra, comme un géant ; elles se disaient que bientôt les souverains de Castille allaient y régner et qu'on verrait alors de galants chevaliers espagnols remplir ses somptueuses cours. De son côté, les prélats et les moines qui entouraient la reine contemplaient avec une douce satisfaction, dit fray Antonio Agapida, cette Babylone moderne ; ils jouissaient par avance du triomphe de voir ces mosquées transformées en églises où des prêtres et des évêques remplaceraient les mufftis infidèles.

Quand les Maures virent les chrétiens ainsi rangés dans les plaines, ils s'imaginèrent qu'on leur offrait le combat ; ils n'hésitèrent pas à l'accepter. Montés sur de fougueux coursiers qu'ils conduisaient avec la plus grande adresse, une troupe de cavaliers magnifiquement vêtus, leurs armes et leurs montures resplendissant de broderie et d'or (c'était l'escadron favori de Muza, composé de la fleur des jeunes chevaliers de Grenade), se précipitèrent dans la plaine. Ils étaient suivis de soldats armés *à la genata* portant la lance et le bouclier, et de légions de fantassins avec des arquebuses, des lances et des cimeterres.

Quand la reine vit l'armée maure sortir de Grenade, elle dépêcha un envoyé au marquis de Cadix, lui défendant d'attaquer l'ennemi, ou d'accepter aucun défi, tant elle craignait que sa curiosité ne coutât la vie à un seul homme.

Le marquis, bien contre son gré, promit d'obéir, au grand déplaisir des chevaliers espagnols irrités d'être forcés de rester l'épée dans le fourreau, quand l'ennemi les mettait ainsi au défi. Les Maures, qui croyaient que les chrétiens désiraient se battre, ne pouvaient comprendre pourquoi ils restaient ainsi inactifs. Plusieurs fois ils sortirent de leurs rangs et s'approchèrent assez près des chrétiens pour leur lancer des flèches, ceux-ci ne bougèrent pas ; alors des cavaliers maures galopèrent près de leurs rangs, agitant leurs lances et leurs cimeterres et les défiant au combat. Les Espagnols frémissant de colère se continrent néanmoins, n'osant pas désobéir sous ses yeux, à celle qui avait si formellement défendu d'accepter ces combats singuliers.

Tandis que cette effrayante et morne tranquillité régnait

sur toute la ligne espagnole, des cris et des rires se firent
entendre du côté de la porte de la ville. Un chevalier maure
armé de pied en cap en sortit suivi d'une foule qui se retira dès
qu'il approcha de l'ennemi. Ce Maure, qui était plus grand
et plus fort que la plupart de ses compatriotes, avait sa
visière baissée ; il portait un grand bouclier et une lance
énorme ; son cimeterre était une fine lame de Damas, et sa
dague richement ornée était l'ouvrage d'un habile armurier
de Fez. Il avait nom Tarfe, et était le plus vaillant quoique
le plus insolent des guerriers maures.

Quels ne furent pas l'étonnement et l'indignation des chevaliers chrétiens quand ils virent l'inscription *Ave Maria*
que Fernando del Pulgar avait clouée à la mosquée, trai-
nant dans la poussière et attachée à la queue du cheval de
Tarfe.

Fernando del Pulgar n'était pas là pour venger cette
insulte, mais un de ses jeunes compagnons d'armes, Garcilasso de la Vega, s'élança vers le hameau de Zubia, et se
jetant aux genoux du roi le supplia de lui permettre d'accepter le défi de cet insolent musulman et de venger l'insulte faite à Notre-Dame. Le roi ne put refuser d'accéder à
cette pieuse demande : Garcilasso monta à cheval, baissa sa
visière surmontée de quatre plumes noires, saisit son bouclier et brandit sa lance, et défia le hautain Maure au milieu
de sa course.

Le combat eut lieu en vue des deux armées et de la cour
d'Isabelle.

Le Maure maniait ses armes d'une main puissante et dirigeait son coursier avec la plus grande habileté. Il était plus
grand et plus complétement armé que Garcilasso, et les
chrétiens tremblèrent pour leur champion. Le choc de la

première rencontre fut terrible; leurs lances en furent bri-
sées et les morceaux volèrent en l'air. Garcilasso perdit les
arçons et fut renversé de sa selle; son cheval avait déjà
fait bien du chemin, avant qu'il pût se ressaisir des rênes
et revenir au combat. Les deux adversaires prirent alors
leurs dagues; le Maure faisait le tour de Garcilasso, comme
un aigle qui veut fondre sur sa proie; son cheval arabe lui
obéissait avec une vélocité sans exemple; tout faisait
craindre que son adversaire ne tombât sous les coups de son
cimeterre. Mais si le chevalier chrétien lui était inférieur
en force physique, il lui était supérieur en agilité; il évita
beaucoup de ses coups et reçut les autres sur son bouclier flamand à l'épreuve de la lame de Damas. Le sang
coulait des blessures des deux adversaires. Le Maure voyant
que son antagoniste était épuisé, le saisit à bras le corps,
espérant le renverser de cheval. Ils tombèrent tous deux à
terre, le Maure plaça son genou sur la poitrine de sa victime
et brandissant sa dague l'abaissa sur la gorge du jeune chevalier. Un cri de désespoir partit du côté des chrétiens,
quand tout à coup ils virent le Maure rouler dans la poussière. Garcilasso avait raccourci son épée et au moment où
son adversaire levait le bras pour le frapper, il la lui avait
plongée dans le cœur. « C'était une victoire singulière et
miraculeuse, dit fray Antonio Agapida : le chevalier chrétien était armé par la nature sacrée de la cause pour laquelle
il combattait, et la sainte Vierge lui donna comme à un
autre David la force de tuer le gigantesque champion des
gentils. »

Les lois de la chevalerie avaient été observées pendant
tout ce combat, dont personne ne se mêla. Garcilasso dépouilla son adversaire, ensuite enlevant la sainte inscrip-

tion « Ave Maria, » il l'éleva sur la pointe de son épée et l'emporta en triomphe aux cris de joie de l'armée chrétienne.

Le soleil avait atteint le méridien, ses rayons brûlants et le spectacle de la défaite de Tarfe avaient échauffé le sang des Maures. Muza voyant leur ardeur, ordonna d'emmener deux canons et de faire feu sur les chrétiens ; cette décharge inattendue jeta la confusion dans une partie de leurs rangs ; Muza excitant aussitôt les chefs maures, leur dit : « Ne per-
« dons plus de temps en défis inutiles, chargeons l'ennemi,
« celui qui prend l'initiative de l'attaque a toujours l'avan-
« tage dans le combat. » Puis s'élançant, suivi d'une partie de la cavalerie, il chargea avec tant d'impétuosité l'avant-garde des chrétiens, qu'il les repoussa jusqu'à la place où étaient les troupes commandées par le marquis de Cadix. Le vaillant capitaine, se croyant, par cette attaque, relevé de la promesse qu'il avait faite à la reine, donna le signal du combat. « Santiago ! Santiago ! » s'écrièrent tous ses vaillants soldats au nombre de douze cents lances, et ils marchèrent fermes devant les Maures ; les autres chefs chrétiens et leurs chevaliers de proche en proche se rejoignirent et la mêlée devint générale.

Quand le roi et la reine de Castille virent les armées se précipiter au combat, ils se mirent à genoux et prièrent la sainte Vierge de protéger leurs fidèles guerriers. Les princes, les princesses, les dames de la cour, les prélats et moines présents firent de même, et bientôt on ressentit l'effet des prières de tous ces saints personnages. La fureur avec laquelle les Maures avaient commencé l'attaque se calma ; hardis et adroits dans une escarmouche, ils n'avaient pas la bravoure intrépide et la solidité des vétérans espagnols, dans une bataille rangée. Tout à coup, les fantassins sont saisis

d'une terreur panique, et prennent la fuite ; c'est en vain que
Muza et ses chevaliers essaient de les rallier ; la débandade
devient générale, quelques-uns se réfugient dans les montagnes, mais la plupart se précipitent vers la ville, dans une
telle confusion, qu'ils se foulaient aux pieds les uns les
autres : les chrétiens les poursuivirent vivement jusqu'aux
portes de Grenade. Plus de deux mille furent pris, tués ou
blessés ; les deux canons restèrent aux mains des vainqueurs
comme un trophée de la victoire, et il n'y eut pas ce jour
là un seul chrétien dont la lance ne fût baignée dans le sang
d'un infidèle.

Telle fut la fin de cette action courte et sanglante, que les
guerriers nommèrent *l'escarmouche de la reine*. Quand le
marquis de Cadix se présenta devant la reine, encore tout
émue de cette scène de carnage, pour s'excuser de lui avoir
désobéi, il lui dit que la victoire était due à sa présence ;
la reine affirma, au contraire, que ses troupes n'avaient
été victorieuses que parce qu'elles étaient conduites par un
aussi vaillant chef.

Pour célébrer cette victoire, la reine fit ériger un monas-
tère dans le village de Zubia, et le dédia à saint François ;
cet édifice existe encore, et l'on y peut voir dans le jardin
un laurier planté par la reine (1).

______

(1) On voit aussi au village del Zubia la maison d'où le roi et la reine
assistèrent à lá bataille ; elle est située dans la première rue en entrant
dans le village du côté de la véga ; les armes royales sont peintes sur le
plafond. Elle est la demeure d'un brave fermier, Francisco Garcia, qui
refuse avec l'orgueil espagnol toute récompense pour faire voir la maison
royale, mais offre, au contraire, une cordiale hospitalité en sa demeure aux
curieux étrangers. Ses enfants chantent les vieilles ballades espagnoles qui
racontent les exploits de Fernando del Pulgar, et de Garcilasso de la Véga.

CHAPITRE XCIV

Un petit coin de la vallée, le plus rapproché de la
ville, avait été épargné par les chrétiens, lorsqu'ils rava-
gèrent les alentours de Grenade ; c'étaient quelques jardins
et vergers qui s'étendaient sur les bords du Xenil et du
Dourro. Lieux de plaisance des habitants pendant des jours
plus heureux, ils en tiraient maintenant une partie de leur
subsistance. Ferdinand résolut de faire une expédition, jusque sous les murs de la ville, pour détruire cette dernière
ressource.

On était au mois de juin, la chaleur du jour avait été
étouffante ; les chrétiens étaient dans l'émoi qui précède une
expédition ; on se préparait au combat pour le lendemain,
car l'on s'attendait à une résistance vigoureuse de la part des
Maures. Le camp vu aux rayons du soleil couchant offrait
un spectacle plein de magnificence. Les tentes de la famille
royale et des nobles chevaliers étaient, à l'intérieur, ornées

de riches tentures brodées de mille devises ; on y voyait des meubles d'un très grand prix, c'était comme une petite cité de soie et de brocard. Le haut des pavillons de couleurs éclatantes et surmontés de riches bannières et étendards rivalisaient avec les dômes et les minarets de la ville assiégée. La tente de la reine dominait toutes les autres comme un palais superbe ; elle avait appartenu au marquis de Cadix qui l'avait courtoisement offerte à la reine. Cette tente, qu'il emportait toujours avec lui à la guerre, était la plus belle et la plus commode qu'il fût possible de voir. Au centre, s'élevait un pavillon dans le goût oriental, dont les riches tentures étaient soutenues par des colonnes formées de lances et ornées de devises guerrières ; ce pavillon central était entouré d'autres compartiments, faits de toile peinte doublée de soie, et séparés par des rideaux. C'était un de ces palais de campement en brocard et en soie qui pouvaient être démolis en un instant, comme la ville de toile qui l'entourait.

Vers le soir tous les bruits avaient cessé dans le camp ; chacun avait besoin de repos pour supporter la fatigue du lendemain. Le roi Ferdinand lui-même s'était couché de bonne heure afin d'être prêt, au lever de l'aurore, à conduire ses troupes.

Seule, la reine qui s'était retirée dans son pavillon, priait avec d'autant plus de ferveur peut-être, qu'elle savait que la vie du roi allait courir des dangers. Tout à coup une lumière éclatante l'éblouit, et elle se vit entourée de flammes et de fumée. Sa tente était en feu...

Isabelle eut à peine le temps de se sauver. Sa première pensée fut pour le roi ; elle vola vers lui, mais Ferdinand était déjà debout à l'entrée de sa tente. A la première alarme il était sorti du lit, et croyant que c'était l'ennemi qui arrivait, il avait saisi son épée et son bouclier, et sa cuirasse sous le bras, il s'élançait, à moitié habillé, pour s'assurer de ce qui se passait.

Tout était confusion dans ce camp magnifique ; les flammes s'étaient communiquées d'une tente à l'autre et comme beaucoup de soldats avaient élevé des cabanes faites de branches d'arbres, devenues très sèches, l'incendie était arrivé à une telle intensité, qu'il mettait en fusion et les riches armures et les vases d'or et d'argent. Les dames de la cour, éperdues, se sauvaient à moitié vêtues et en poussant des cris de terreur ; les tambours battaient, les trompettes sonnaient de toutes parts, appelant les soldats à se réunir.

Le prince Juan avait été enlevé de son lit et porté au quartier du comte de Cabral, en dehors du camp. Le loyal comte assembla ses soldats et ceux de son cousin le comte Alonzo de Montemayor, pour former une garde autour de la tente où était le prince.

L'idée qu'on avait eue d'abord que l'incendie avait été allumé par les Maures, avait bientôt été abandonnée ; mais, comme on craignait qu'ils ne profitassent de cet événement pour tenter une sortie, le marquis de Cadix avec trois mille cavaliers s'alla poster en avant des tranchées pour empêcher que l'on pût approcher du camp. De ce point, le marquis et ses soldats purent non seulement voir toute la campagne illuminée par les flammes qui s'élevaient au dessus du camp, d'où jaillissaient des étincelles et des cendres, mais voir, comme en plein midi, les bastions et les tours de Grenade couverts de Maures accourus de tous les quartiers de la ville, pour contempler ce spectacle terrible qu'ils prirent, dans le premier moment, pour un stratagème des chrétiens afin de les attirer au dehors. Aussi ne songèrent-ils pas à quitter leurs murailles.

Peu à peu, cependant, le feu s'éteignit et tout redevint aussi noir et aussi tranquille qu'auparavant; alors le marquis de Cadix revint au camp avec sa cavalerie.

CHAPITRE XCV

RAVAGES DEVANT GRENADE.

Le lendemain il ne restait de tous ces beaux pavillons, de toutes ces richesses, qu'un amas de débris fumants, parmi lesquels on voyait des armures, des meubles et quantité d'or et d'argent fondus. Toute la garde-robe de la reine fut entièrement consumée ainsi qu'une grande partie des bijoux, de l'argenterie et des armures des nobles.

On avait d'abord pensé que l'incendie était dû à une trahison, mais on découvrit plus tard qu'il était le résultat d'un accident. Quand la reine se retira pour prier, elle avait dit à sa dame d'honneur d'enlever la lumière qui brûlait près de son lit, afin qu'elle ne l'empêchât pas de dormir; par mégarde, la lumière placée dans une autre partie de la tente, près de tentures agitées par le vent, avait communiqué le feu.

Le roi Ferdinand, connaissant la témérité des Maures, prit ses mesures pour qu'ils ne pussent profiter du désastre de la nuit. Au lever du soleil les trompettes et les tambours battirent le rappel et ses soldats sortirent des ruines fumantes du camp, bannières déployées et musique en tête, comme si la nuit précédente avait été pour eux une nuit de réjouissance et non de terreur.

Les Maures avaient contemplé l'incendie avec étonnement et perplexité ; le lendemain matin, ils ne virent qu'une masse noire et fumante, là où avait été le camp chrétien. Leurs éclaireurs rentrèrent apportant la bonne nouvelle que tout le camp était un amas de ruines. Mais à peine cette nouvelle se fut-elle répandue, qu'ils virent l'armée chrétienne s'avançant sur la ville ; ils pensèrent que c'était une feinte pour cacher leur position désespérée et préparer une retraite. Boabdil se décida à prendre le commandement de ses troupes, pour profiter des malheurs qu'Allah avait infligés à l'ennemi.

L'armée chrétienne était aux portes de la ville, ravageant les jardins et les vergers, quand Boabdil en sortit à la tête de tout ce qui restait de la fleur de la chevalerie de Grenade.

Il est des situations dans lesquelles l'homme le plus lâche devient brave, c'est quand il défend son foyer. Avec quelle ardeur un peuple aussi belliqueux qu'étaient les Maures, devaient se battre quand le combat se livrait au seuil de leurs portes. Ils se battaient sous les yeux de leurs femmes et de leurs enfants, des vieillards et des jeunes filles ; car tous les habitants s'étaient pressés sur les murailles et les tours, attendant avec une véritable angoisse l'issue de la bataille.

A vrai dire ce n'était pas là une bataille qui se livrait, mais bien plutôt des espèces de combats singuliers par groupes, car on se battait dans les jardins et les vergers. Les Maures disputaient chaque pouce de terrain avec l'acharnement du désespoir ; les chrétiens n'avaient jamais trop de leur nombre et de leur vaillance pour garder ce qu'ils conquéraient ; jamais ils n'avaient remporté de victoire aussi difficile et au prix de tant de sang.

La cavalerie de Muza était partout. A sa vue, les soldats qui étaient ou blessés ou fatigués, se sentaient renaître, et même les mourants eux-mêmes le saluaient au passage, exhalant leur dernier souffle dans ses bénédictions.

Les chrétiens avaient pris possession de plusieurs tours près de la ville ; les Maures dispersés dans les jardins étaient pressés de tous côtés.

Boabdil, à la tête de sa garde, faisait des prodiges de valeur ; se mêlant partout au combat, il essayait d'enflammer le courage de ses troupes. Mais il n'y avait pas à compter sur l'infanterie maure ; saisie tout à coup d'une terreur panique, elle s'enfuit laissant son roi avec une poignée de cavaliers luttant contre une force innombrable. Boabdil, sur le point de tomber aux mains des chrétiens, lâcha la bride à son cheval ; ses cavaliers firent de même, et ils parvinrent tous, grâce à l'incomparable vitesse de leurs coursiers, à regagner la ville (1).

Muza essaya à son tour de rallier l'infanterie ; il conjura les soldats, au nom de leurs familles et de tout ce qui leur était cher, de le suivre, mais ce fut en vain ; ces hommes étaient démoralisés ; ils continuèrent de fuir vers la ville dans le plus grand désordre.

Muza aurait bien désiré continuer encore le combat, mais sa cavalerie avait fait de grandes pertes dans les dernières

(1) Zurita, lib. xx, chap. LXXXVIII.

rencontres, ses meilleurs soldats étaient morts, blessés ou épuisés de fatigue. Triste et découragé, il se décida enfin à battre en retraite sur la ville dont il fit fermer les portes avec des barres et des verroux, ne se fiant plus aux archers et aux arquebusiers et se promettant bien de ne plus faire d'expédition avec les fantassins.

Ferdinand voyant que l'artillerie de la ville continuait un feu meurtrier sur les chrétiens et les empêchait d'avancer, rappela ses troupes et s'en retourna en triomphe à son ancien camp, laissant les abords de Grenade enveloppés dans la fumée de ses bastides, de ses jardins, de ses vergers en ruines et jonchés des corps sanglants de ses enfants.

Telle fut la dernière sortie des Maures pour la défense de leur chère cité. L'ambassadeur français, qui était présent à ce combat acharné, fut rempli d'admiration à la vue de tant de bravoure. Et, en effet, cette guerre est un exemple frappant de ce que peuvent l'énergie et la persévérance. Pendant dix ans les Maures essuyèrent des revers de toutes sortes; ils laissèrent d'innombrables morts sous les ruines de leurs villes qu'ils perdirent les unes après les autres, beaucoup de leurs frères furent faits prisonniers, et néanmoins ils continuèrent de défendre leur religion et leur nationalité, comme s'ils avaient été encouragés par la victoire. Sur tout terrain où ils pouvaient mettre le pied, ils en profitaient pour combattre, et si ce n'était qu'un rocher, ils lançaient de là leurs flèches à l'ennemi; maintenant que leur capitale était isolée de tous secours, entourée de toutes parts et en état de siége, ils se défendaient encore comme s'ils espéraient que le ciel ferait un miracle en leur faveur. Leur résistance obstinée, dit un ancien historien, fit voir la douleur que causait aux Maures la perte de la véga, qui pour eux était le paradis; rien ne les découragea : ni les défaites, ni la mort de leurs braves guerriers; ils luttèrent tant qu'il leur resta des armes et des bras pour les porter (1).

(1) Abarca, Reyes de Arragon, rey XXX, chap. III.

CHAPITRE XCVI

Les Maures tristement renfermés dans Grenade, ne faisaient plus de sorties ; l'on n'entendait même plus comme autrefois le son des trompettes et des tambours. Pendant quelques jours, ils se bercèrent de l'espoir que l'incendie avait découragé les assiégeants, et, comme les années précédentes, qu'ils se retireraient avant l'hiver. Mais les mesures que prirent Ferdinand et Isabelle les convainquirent bientôt que ceux-ci avaient l'intention de continuer le siége jusqu'à la reddition de la ville. En effet, les souverains castillans donnèrent des ordres pour bâtir une ville sur l'ancien camp. « A voir, dit « fray Antonio, la rapidité avec laquelle s'élevèrent les « murs, les forteresses et les édifices de la nouvelle ville, on « put croire à un miracle. » Cette place forte était traversée par deux rues en forme de croix, qui se terminaient aux quatre points cardinaux ; au milieu se trouvait une place d'armes assez vaste pour permettre à l'armée de s'y rassembler. On voulait donner à la nouvelle ville le nom d'Isabelle, si cher à l'armée et à la nation, mais cette pieuse princesse, dit Antonio, « se rappelant la sainte cause pour laquelle elle était bâtie, lui donna le nom de Santa-Fé ou ville de la sainte foi; elle est restée jusqu'à ce jour comme un monument de la piété et de la gloire des souverains catholiques.

Bientôt les marchands accoururent de toutes parts; dans Santa-Fé, on voyait chaque jour entrer et sortir de longues files de mules; les rues se remplissaient de magasins dans lesquels se vendaient les plus riches et les plus diverses marchandises, de sorte qu'en peu de temps cette ville naissante eut toute l'apparence de l'activité et de la prospérité.

Quant à Grenade, la famine commençait à s'y faire sentir. Une caravane de troupeaux et de mules, chargés de vivres et d'argent arrivant des montagnes des Alpuxarras, fut saisie par le marquis de Cadix et portée en triomphe au camp, à la vue des malheureux Maures. L'automne arrivait, mais les moissons avaient été détruites et il ne restait presque plus de provisions dans la ville. Le peuple tomba dans le découragement. Il se rappela les prédictions funestes des astrologues à la naissance de leur malheureux roi; à la prise de Baza devait succéder celle de Grenade, et la misère sinon la mort de tous les vrais croyants.

Boabdil, inquiet des dangers du dehors, désolé des souffrances de son peuple, convoqua un conseil de tous les principaux officiers de l'armée, des alcaydes des forteresses, des sages de la ville et des docteurs de la foi. Il les assembla dans la grande salle d'audience de l'Alhambra; tous avaient le désespoir écrit sur le visage. Boabdil leur demanda ce qu'il fallait faire.

— Se rendre, répondirent-ils tout d'une voix.

Le vénérable Abal Cazim Abdelmelek, gouverneur de la ville, en retraça la position désespérée.

— Nos greniers, dit-il, sont presque vides ; les chevaux même manquent de nourriture ; il ne nous en reste que trois cents des sept mille que nous avions autrefois. Nous avons deux mille habitants, vieux et jeunes, qui demandent en pleurant du pain.

Les sages et les principaux habitants déclarèrent que le peuple n'avait plus la force de continuer à défendre la ville.

—Et pourquoi se défendre, ajoutèrent-ils, puisque l'ennemi est décidé à continuer le siége? Que nous reste-il à faire, sinon de nous rendre ou de mourir?

Le cœur de Boabdil fut profondément touché par cet appel ; néanmoins, il garda le silence. Il avait longtemps compté recevoir des secours du sultan d'Égypte ou de l'Afrique, mais il sentait maintenant qu'il n'y avait plus d'espoir, car lui eût-on envoyé des secours, comment aurait-il pu les recevoir? il n'avait point de communication avec la mer, et la ville était entourée de toutes parts. Les membres du conseil, voyant la résolution du roi ébranlée, s'unirent pour le supplier de capituler.

Le vaillant Murza seul s'y opposa.

— Il est encore trop tôt pour nous rendre, dit-il ; nous n'avons pas encore épuisé toutes nos ressources ; il nous en reste une puissante qui a souvent fait remporter des victoires éclatantes : c'est le désespoir. Réveillons le peuple, donnons-lui des armes, mettons-nous à sa tête ; montrons-lui, en nous jetant sur les lances de l'ennemi, comment on meurt ou comment on se fraye un chemin à travers l'armée des perfides. Pour moi, je préfère être de ceux qui tomberont pour la défense de Grenade, plutôt que de survivre pour traiter de sa capitulation.

Les héroïques paroles de Murza ne produisirent aucun effet; elles s'adressaient à des hommes ou trop découragés, ou rendus prudents par une triste expérience; ils étaient arrivés à un tel état d'abaissement, que les héros et l'héroïsme n'étaient plus compris; les conseils des vieillards étaient seuls écoutés.

Boabdil el Chico se rendit au désir général, et le vénérable Abal Cazim Abdelmelek fut envoyé au camp des chrétiens avec pleins pouvoir pour traiter de la capitulation.

CHAPITRE XCVII

Le vieux gouverneur Abal Cazim Abdelmelek fut reçu avec les plus grands égards par Ferdinand et Isabelle, qui nommèrent Gonzalve de Cordoue, et Fernando de Zafra, secrétaire du roi, pour conférer avec lui. Tous les habitants attendaient le résultat des négociations avec la plus grande anxiété. Après plusieurs conférences, Abal Cazim revint avec les dernières conditions des souverains catholiques. Ils consentaient à suspendre le siége pendant soixante-dix jours; et si, à la fin de ce délai, le roi maure n'avait reçu aucuns secours, la ville de Grenade se rendrait aux souverains de Castille.

Tous les prisonniers seraient mis en liberté sans rançon.

Boabdil et ses principaux chevaliers devraient jurer foi et hommage à la couronne de Castille; certaines terres dans les montagnes d'Alpuxarras seraient données au roi maure pour son entretien.

Les Maures de Grenade deviendraient sujets des souverains espagnols; ils garderaient leurs propriétés, leurs armes et leurs chevaux, n'abandonnant que leur artillerie. Ils seraient protégés dans l'exercice de leur foi, et gouvernés d'après leurs lois par des cadix de leur croyance et sous des gouverneurs nommés par les souverains. Ils seraient exempts d'impôts pendant trois. ans; après cette époque, ils paieraient la même somme qu'ils avaient autrefois donnée à leurs rois.

A ceux qui dans l'espace de ces trois ans voudraient partir pour l'Afrique, il serait accordé un passage gratuit sur les vaisseaux du roi.

Quatre cents chevaliers seraient donnés en otage avant la capitulation de la ville, comme garantie du traité. Le fils du roi de Grenade et les autres otages du roi de Castille seraient rendus en même temps que ceux-ci.

Telles furent les conditions que le vieux Abal Cazim apporta devant le conseil, comme les meilleures qu'il eût pu obtenir des assiégeants.

Quand les membres du conseil virent que le moment terrible était arrivé qui devait confirmer les prédictions faites sur la chute de Grenade, et les rayer comme nation, leur fermeté les abandonna; ils fondirent en larmes. Murza seul resta impassible.

— Laissez, seigneurs, leur dit-il, ces lamentations aux femmes et aux enfants. Nous sommes des hommes et nous avons des cœurs non pour verser de timides larmes, mais des flots de sang généreux. Je vois bien que le peuple est trop découragé pour qu'il soit possible de sauver le royaume; mais pour de nobles cœurs il reste un moyen — une mort glorieuse. Mourons en défendant notre liberté et en vengeant les malheurs de Grenade. Notre mère commune recevra ses enfants dans son sein, délivrés des chaînes et de l'oppression du conquérant, ou si quelqu'un de nous manque de sépulture, il aura toujours le ciel pour le couvrir. Allah nous préserve qu'il soit jamais dit que les nobles de Grenade ont craint de mourir pour sa défense !

Quand Muza eut cessé de parler, il se fit un long silence.

Boabdil regarda autour de lui, mais il ne vit que des fronts courbés et soucieux ; ces hommes avaient tant souffert, que tout enthousiasme était éteint chez eux ; ils étaient insensibles à tout appel chevaleresque.

— Allah achbar, Dieu est grand, dit tristement le roi, il n'y a qu'un Dieu, et Mahomet est son prophète. Il était certainement écrit dans le livre du destin que je serais malheureux et que sous mon autorité finirait le royaume de Grenade !

— Allah achbar ! Dieu est grand, répondirent les vizirs et les docteurs, que la volonté de Dieu soit faite !

Tous exprimaient la même opinion que le roi, à savoir que tout ce qu'ils avaient souffert était inévitable, et que ce qu'ils avaient de mieux à faire était d'accepter les conditions des souverains de Castille, qui, d'ailleurs, étaient aussi favorables qu'il fût possible de les espérer.

Quand Muza vit que le traité allait être signé, il se leva et dit d'un ton indigné :

— Vous vous trompez si vous croyez que les chrétiens seront fidèles aux promesses qu'ils vous font ou que le roi sera aussi magnanime après la conquête qu'il a été heureux dans la guerre. La mort est le moindre des maux qui peut nous atteindre ; c'est le pillage de notre ville, la profanation de nos mosquées, la ruine de nos foyers, le déshonneur de nos femmes et de nos filles, l'oppression cruelle, l'intolérance religieuse, le fouet, les chaînes, le cachot et le bûcher que nous avons à craindre ; les cœurs dégénérés des musulmans qui craignent la mort verront toutes ces souffrances. Quant à moi, par Allah, je ne les endurerai pas.

A ces paroles, Muza sortit de la salle du conseil, traversa tristement la cour des Lions, puis passa par les salles extérieures sans daigner adresser un mot ou un regard aux courtisans obséquieux qui s'y trouvaient.

Muza, rentré chez lui, s'arma de pied en cap, monta son coursier favori, et sortit de la ville par la porte Elvira ; depuis ce moment on n'entendit plus parler de ce héros (1).

Tel est le récit fait par les historiens arabes, du départ de Muza ben Abel Gazan ; mais le vénérable fray Antonio Agapida a essayé d'éclaircir le mystère qui enveloppe le sort de ce guerrier. Le soir du même jour, des cavaliers andaloux, descendant les bords du Xenil, du côté de la véga, aperçurent un guerrier maure qui s'approchait d'eux ; sa visière était baissée, sa lance en arrêt ; son puissant coursier était comme lui bardé d'acier. Les chrétiens étaient légèrement armés, car ils ne craignaient pas d'attaque pendant la trève. Voyant le guerrier inconnu s'approcher d'eux, ils le sommèrent de se nommer ; le musulman ne répondit pas, s'élança sur le chevalier le plus rapproché de lui et le tua ; il se précipita sur un autre, puis sur un autre encore. Chaque coup de son cimeterre était mortel ; il était évident qu'il se battait pour se venger. Plus de la moitié des chevaliers étaient tombés sous ses coups avant qu'il fût lui-même mortellement blessé. Les chrétiens admiraient une telle bravoure ; ils auraient voulu le sauver, mais, quoique affaissé sur ses

____

(1) Conde, part. IV.

genoux, il continua le combat, tenant en main une fine lame de Fez. Sentant enfin ses forces défaillir et ne voulant pas être fait prisonnier, il fit un dernier effort, et se jeta dans le Xenil où il disparut sous les flots.

Le vénérable Agapida dit que ce guerrier inconnu était Muza ben Abel Gazan; il ajoute que son cheval fut reconnu par des Maures convertis. Cela pourtant n'a jamais été prouvé.

CHAPITRE XCVIII

La capitulation de la ville de Grenade fut signée le 25 novembre 1481 ; elle mit enfin un terme à une guerre qui avait duré bien des années. Les chrétiens et les Maures se retrouvèrent pacifiquement sur les bords du Xenil, où leur rencontre quelques jours auparavant avaient fait couler tant de sang. Cependant comme les Maures pouvaient être tentés de se défendre de nouveau, s'il leur arrivait des secours du dehors dans les soixante et dix jours de la trève, Ferdinand prit des mesures pour qu'on ne laissât entrer dans la ville aucunes provisions. Les garnisons des ports et les corsaires reçurent l'ordre d'empêcher qu'aucun secours du grand soudan d'Égypte ou des princes de Barbarie ne pût arriver jusqu'à Grenade.

Mais toutes ces précautions étaient inutiles, car les princes musulmans étaient ou trop occupés des guerres qu'ils avaient à soutenir pour leur propre compte, ou trop intimidés par les succès des Espagnols, pour se mêler de leurs affaires ; les malheureux Maures furent donc abandonnés à leur triste sort.

Le mois de décembre touchait à sa fin ; la famine se faisait tellement sentir dans la ville, que Boabdil, pour ne pas prolonger les souffrances de son peuple, décida, avec le consentement de son conseil, de rendre Grenade le 6 janvier.

A cet effet, le 20 décembre, il envoya son grand vizir Jusef Aben Comixa, avec quatre cents otages, pour faire connaître sa décision au roi Ferdinand ; le vizir était chargé en même temps de lui présenter un magnifique cimeterre et deux chevaux arabes splendidement harnachés.

Mais le malheureux Boabdil était destiné à avoir des ennuis de toutes sortes. Le jour même où partait le vizir Jusef Aben Comixa, pour faire soumission au roi, apparut dans Grenade le dervis Hamet Aben Zarah, celui-là qui, autrefois, avait prédit les malheurs de Boabdil et la ruine de Grenade. Personne ne savait d'où il venait ; on présumait qu'il était allé dans les montagnes des Alpuxarras ou sur les côtes de la Barbarie essayer de persuader aux musulmans de venir en aide à Grenade. Hamet ben Zarah était aussi maigre qu'un squelette ; ses yeux brillaient comme des charbons ardents, et son langage était celui d'un insensé. Il harangua le peuple dans les rues et sur les places publiques, déclamant contre la capitulation, dénonçant le roi et les nobles comme n'étant musulmans que de nom, enfin suppliant le peuple de faire une sortie contre les infidèles, leur promettant la victoire au nom d'Allah.

Plus de vingt mille personnes prirent les armes et se promenèrent par les rues, poussant des cris et des vociférations; les marchands fermèrent leurs magasins ; le roi lui-même alla s'enfermer dans l'Alhambra.

La foule continua tout le jour et une partie de la nuit à courir et à crier dans les rues ; la famine et une tempête qui survint purent seuls calmer cette effervescence. Le lendemain matin, le fanatique dervis qui avait soulevé le peuple disparut sans qu'on pût savoir ce qu'il était devenu.

Le roi maure sortit alors de l'Alhambra, en compagnie de ses principaux nobles. Il fit comprendre au peuple combien de causes les forçaient à rendre la ville : d'abord la famine qui les faisait tant souffrir, ensuite l'impossibilité de continuer à se défendre, et, en dernier lieu, la situation des otages remis entre les mains des assiégeants. Ensuite le malheureux Boabdil, d'un ton triste et découragé, s'accusa publiquement d'être la cause de tous les malheurs qui étaient tombés sur son pays.

— C'est, dit-il, le crime que j'ai commis en montant sur le trône, après m'être révolté contre mon père, qui a causé la ruine de mon pays ; mais Allah m'a bien puni de mes fautes ! C'est pour vous que j'ai fait ce traité, pour sauver votre vie, pour empêcher vos enfants de mourir de faim, et pour vous assurer la jouissance de vos propriétés, de vos libertés et de votre religion, sous un roi plus heureux que le malheureux Boabdil.

Le peuple, toujours si impressionnable, fut touché de l'humilité du roi ; il promit d'adhérer aux termes de la capitulation ; il y eut même quelques cris de « vive Boabdil ! » puis la foule se dispersa en silence.

Boabdil envoya de suite une dépêche au roi Ferdinand pour l'instruire de ce qui avait eu lieu, et de la crainte qu'il éprouvait qu'un plus long délai ne produisît de nouveaux troubles. Il proposait à Sa Majesté de la mettre en possession de la ville le lendemain même.

Les souverains de Castille acceptèrent cette offre avec la plus grande satisfaction, et firent tout préparer pour ce grand événement.

Ce fut une bien triste nuit pour la famille de Boabdil, que celle qui précéda le départ, et dans laquelle il fallait dire adieu à cette somptueuse résidence royale ; on dépouilla en pleurant les beaux appartements, on fit charger les effets les plus précieux sur des mules ; puis la triste cavalcade sortit par une porte mystérieuse de l'Alhambra, passant par les quartiers les plus retirés de la ville, afin que la famille du roi ne fût pas exposée à rencontrer les regards irrités ou railleurs des ennemis triomphants.

La mère de Boabdil était triste et abattue, mais conservait encore un grand air de dignité ; sa femme Morayma et ses suivantes éclatèrent en sanglots, quand elles regardèrent, pour la dernière fois, cette bien-aimée demeure qui leur apparaissait dans le lointain comme une masse obscure de tours. Les vieux domestiques de la famille les accompagnaient, et ils avaient pour escorte une petite garde composée de quelques vieux Maures, tellement dévoués au roi déchu qu'ils auraient donné leur vie pour sa famille. La ville était encore endormie quand ils passèrent par ses rues silencieuses ; les gardes pleurèrent en leur ouvrant les portes. La triste cavalcade se dirigea avec la plus grande vitesse par les bords du Xenil vers le chemin qui menait aux Alpuxarras. Arrivés à un hameau à quelque distance de la ville, ils s'y arrêtèrent pour attendre le roi qui devait venir les rejoindre.

CHAPITRE XCIX

Le soleil levant dardait ses rayons sur les montagnes de neige qui s'élèvent au dessus de Grenade, quand le camp chrétien s'éveilla. Un détachement de cavalerie et d'infanterie, conduit par les officiers les plus distingués de l'armée castillane et qu'accompagnaient don Hernando de Talavera, évêque d'Avila, marcha vers la ville pour prendre possession de l'Alhambra et de ses tours. On avait stipulé dans la capitulation que les troupes envoyées à cet effet ne traverseraient pas la cité. On avait ouvert un chemin en dehors des murailles, qui conduisait par la Puerta de los Molinos (ou la porte des Moulins) au sommet du Mont des Martyrs, et à travers le champ des morts à une poterne de l'Alhambra.

Quand les troupes furent arrivées à cet endroit, le roi, accompagné de quelques chevaliers, sortit de la porte :

— Allez, messieurs, dit-il aux chefs du détachement, allez prendre possession de ces forteresses qu'Allah a données à votre puissant seigneur, sans doute pour punir les Maures de leurs crimes !

Après ces mots, Boabdil descendit le chemin par lequel les chrétiens étaient venus, pour aller à la rencontre des souverains de Castille. Les troupes entrèrent dans l'Alhambra dont ils trouvèrent les portes toutes grandes ouvertes.

En même temps, les troupes chrétiennes sortant de Santa-Fé s'avancèrent à travers la véga. Le roi, la reine, le prince et les princesses, les dignitaires et les dames de la cour marchaient les premiers; venaient ensuite les moines de divers ordres et les gardes royaux magnifiquement vêtus. La procession s'avança lentement et s'arrêta à une demi-lieue de la ville, dans le village d'Armilla.

Les souverains, les yeux fixés sur la haute tour de l'Alhambra, attendaient avec une impatience mêlée d'inquiétude le signal qui devait leur annoncer la prise de possession de Grenade. Le temps qui s'était écoulé depuis le départ du détachement, commençait à leur paraître si long, que le roi Ferdinand craignit un moment quelque émeute dans la ville. Enfin la croix d'argent, brodée sur le grand étendard de cette croisade, s'éleva sur la tour de la Vela et resplendit au soleil ; près d'elle était le pennon du glorieux apôtre saint Jacques. Des cris frénétiques de Santiago! Santiago! partirent des rangs de l'armée. Ensuite le drapeau royal aux armes de Castille se déploya dans les airs, aux cris de « Castille! Castille! pour le roi Ferdinand! pour la reine Isabelle! » Ces acclamations répétées par toute l'armée retentirent jusqu'à travers la véga. A cette vue, les souverains de Castille tombèrent à genoux et remercièrent Dieu de ce grand triomphe de la foi ; toutes les personnes de leur suite imitèrent leur exemple et les choristes de la chapelle entonnèrent le *Te Deum laudamus!*

La procession se remit en route aux sons triomphants de la musique, jusqu'à la petite mosquée qui se trouve près des bords du Xenil, presque au pied du Mont des Martyrs. Cet édifice, qui fut consacré plus tard sous l'invocation de l'hermitage Saint-Sébastien, se voit encore aujourd'hui à cette place. Les souverains chrétiens trouvèrent le roi Boabdil en compagnie de cinquante chevaliers et domestiques; l'infortuné prince voulut mettre pied à terre pour rendre hommage à Ferdinand, mais ce monarque ne le permit pas; Boabdil voulut alors lui baiser la main, en signe de vasselage, ce que le roi voulut éviter; mais il ne se retira pas assez vite en arrière pour que Boabdil n'eût point le temps de poser ses lèvres sur le bras droit de Ferdinand. La reine Isabelle ne voulut pas permettre davantage que le roi maure s'humiliât devant elle, et même pour le consoler, elle lui fit rendre son fils qui était resté comme otage, en vertu du traité; l'infortuné roi pressa son enfant sur son cœur avec la plus grande effusion; le malheur semblait les avoir rendus plus chers l'un à l'autre (1).

Boabdil remit ensuite à Ferdinand les clefs de la ville et lui dit d'un air triste et résigné :

— Ces clefs sont les derniers restes de là souveraineté des Maures de l'Espagne. A toi, ô roi! elles appartiennent aujourd'hui comme le trophée de ta victoire sur notre royaume et sur notre personne! Telle est la volonté de Dieu. Reçois-les donc avec la clémence que tu nous as promise, et que nous attendons de toi.

Le roi Ferdinand cacha son contentement sous un air de magnanimité sereine.

____

(1) Zurita, *Annales de Aragon.*

— Ne doute pas, répondit-il, que nous ne tenions les promesses que nous t'avons faites, ni que tu ne redeviennes notre ami, aussi puissant que tu l'étais autrefois.

Le roi présenta alors les clefs à la reine, qui à son tour les présenta au prince Juan, qui les remit entre les mains du comte de Tendilla, ce brave et loyal chevalier étant nommé gouverneur de la ville et capitaine général du royaume de Grenade.

Ayant ainsi livré le dernier symbole de son pouvoir, le malheureux Boabdil prit tristement le chemin des Alpuxarras, afin de ne pas voir les chrétiens entrer dans sa capitale. Quelques amis dévoués le suivaient silencieusement, contenant difficilement les sanglots et les soupirs que leur arrachait le bruit des joyeuses fanfares et des cris de joie de l'armée victorieuse que le vent leur apportait par moments.

Ayant rejoint sa famille, Boabdil se dirigea avec elle vers sa nouvelle résidence, dans la vallée de Porchena. En gravissant les hauteurs des Alpuxarras, ils arrivèrent sur un plateau d'où l'on découvrait toute la ville de Grenade ; les Maures s'arrêtèrent involontairement pour regarder encore une fois leur bien-aimée ville ; jamais elle ne leur avait paru si belle. Le soleil, si brillant dans ce pays, en illuminait les tours et les minarets, tandis qu'à ses pieds on voyait la verdure luxuriante de la véga et les eaux azurées du Xenil. Les Maures regardèrent longuement avec angoisse et tendresse cette contrée délicieuse et chérie, où s'étaient passées les plus belles années de leur vie...

Tout à coup le bruit du canon, qui annonçait la prise de possession par Ferdinand et la destruction à tout jamais du trône des rois maures, se fit entendre. Boabdil, dont le cœur était amolli par tant de souffrances répétées coup sur coup, ne put se contenir davantage :

— Allah achbar! Dieu est grand, dit-il.

Mais ces paroles de résignation expirèrent sur ses lèvres, et il éclata en sanglots.

Sa mère, l'intrépide sultane Ayxa la Horra, fut indignée de cette faiblesse.

— Vous faites bien, lui dit-elle, de pleurer comme une femme pour la perte de ce que vous n'avez pas su défendre comme un homme.

Le vizir Aben Comixa essaya de consoler son roi.

— Souvenez-vous, sire, lui dit-il, que les grands malheurs ont aussi souvent illustré des hommes que les plus glorieux exploits, pourvu qu'on sache les supporter avec dignité.

Mais le malheureux roi ne pouvait pas être consolé.

— Allah achbar! s'écria-t-il, quels malheurs ont jamais égalé les miens!

En souvenir de cette dernière halte du roi Boabdil, cette montagne est connue parmi les Maures sous le nom de *Fez Allah Achbar;* tandis qu'elle est appelée parmi les Espagnols *El Ultimo Suspiro del Moro,* ou le dernier soupir du Maure.

CHAPITRE C

Quand les souverains de Castille eurent reçu les clefs de Grenade, ils reprirent leur marche triomphale vers la ville.

Comme ils approchaient des portes, un cortége d'un tout autre caractère s'avança à leur rencontre; c'étaient plus de cinq cents captifs, dont plusieurs avaient langui des années dans les cachots. Pâles et amaigris, ils faisaient néanmoins résonner leurs chaînes avec triomphe; ils poussaient des cris de joie. Le roi les reçut comme des martyrs qui avaient souffert pour la sainte cause; la reine leur distribua elle-même des secours, et ils défilèrent devant l'armée en chantant des hymnes de reconnaissance.

Le roi et la reine n'entrèrent pas ce jour-là dans Grenade; ils voulurent attendre qu'elle fût entièrement occupée par les troupes castillanes, et que la tranquillité publique fût assurée. Le marquis de Villena et le comte de Tendilla, avec trois mille cavaliers et trois mille fantassins, prirent possession de la ville; ils étaient accompagnés de Cidi Yahye, baptisé désormais par les Espagnols du nom de don Pedro de Grenade, promu chef des alguazils, et délégué pour s'entendre avec les habitants maures; son fils, le prince Alnayer, maintenant don Alonzo de Grenade, amiral de la flotte, était à ses côtés. En peu de temps, tous les postes de la ville furent remplis de soldats chrétiens, et l'étendard de la foi flotta sur toutes les tours, puis le bruit des canons annonça que la ville était enfin conquise.

Ce fut pour les grands et les chevaliers le signal de leurs félicitations au roi, à la reine et au prince don Juan. Après la cérémonie du baise-mains, tout le cortége rentra à Santa-Fé.

Ce fut le 6 janvier, jour des rois et fête de l'Épiphanie, que Ferdinand et Isabelle firent leur entrée solennelle dans Grenade, suivis d'un magnifique et nombreux cortége.

« Le roi et la reine, dit le digne fray Antonio Agapida, considéraient avec humilité cet événement comme une chose surhumaine; les vénérables prêtres qui par leurs conseils et leur zèle avaient contribué à la conquête marchaient les yeux baissés, mais le cœur rempli de joie, tandis que les braves guerriers, heureux de posséder enfin l'objet pour lequel ils avaient enduré tant de fatigues et de périls, s'avançaient le regard fier et la tête haute.»

Les Maures, quand ils entendirent le pas des chevaux, se cachèrent dans l'intérieur de leurs maisons, étouffant leurs sanglots, de crainte d'être entendus de leurs ennemis, et ainsi d'ajouter à leur triomphe.

Le cortége royal s'arrêta devant la principale mosquée, qui avait été convertie en cathédrale pour la cérémonie. Le roi et la reine offrirent des prières et des actions de grâce à Dieu; les musiciens du roi, auxquels se joignirent dévotement les chevaliers et toute la cour, chantèrent aussi une antienne.

« Mais rien, dit fray Antonio Agapida, ne pouvait égaler la reconnaissance du pieux Ferdinand, de ce qu'il lui avait été permis d'extirper de l'Espagne l'empire et le nom de cette maudite race païenne, et de planter la croix dans cette ville où les doctrines impies de Mahomet avaient fleuri tant d'années ; dans la ferveur de sa dévotion, le roi suppliait le Très Haut de lui donner la grâce de faire triompher ainsi la sainte cause partout (1). » Le peuple se joignit aux prières de son roi, et même ses ennemis furent cette fois convaincus de sa sincérité.

Quand les cérémonies religieuses furent terminées, la cour se rendit au palais de l'Alhambra. Les salles autrefois remplies par les turbans des infidèles, résonnaient maintenant sous les pas des chrétiens ; les courtisans et les nobles dames parcouraient ce palais si célèbre, avec une curiosité ardente, contemplant avec admiration ses cours spacieuses, verdoyantes, ces belles fontaines, ces salles décorées d'arabesques élégantes et remplies d'inscriptions, et la splendeur de ces plafonds si brillamment peints et dorés.

Le malheureux Boabdil avait, en partant, prié le roi Ferdinand de condamner la porte par laquelle il était sorti pour rendre sa capitale (2). Le roi Ferdinand accéda à cette prière qui prouvait tout ce que la défaite lui faisait éprouver ; par ses ordres, la porte fut murée, et est restée jusqu'à présent le témoin muet de cet événement (3).

(1) Les paroles de fray Antonio Agapida ne sont guère que l'écho de celles du père jésuite Mariana, lib. XXV, cap. XVIII.

(2) Garibay. Compend. hist., lib. LX, cap. XLII.

(3) L'existence de cette porte et l'histoire qui s'y rattache est proba-

Les souverains espagnols firent dresser le trône dans la
salle magnifique où les rois maures donnaient audience
aux émirs et au peuple. Ce fut là que les habitants de
Grenade et les députés envoyés par les villes et les forteresses des Alpuxarras vinrent rendre hommage au roi et à
la reine.

Ainsi se termina la guerre de Grenade, après une lutte
acharnée de dix ans, « égalant, dit fray Antonio, en durée
le fameux siége de Troie, finissant, comme lui, par la reddition de la ville. » Ainsi finit, en Espagne, cette puissance
des Maures, qui durait depuis environ sept cent soixante-
dix-huit ans, c'est à dire depuis la défaite de Roderick, le
dernier roi des Goths. Agapida, toujours si exact en fait de
dates, dit que « ce grand triomphe de la religion catholique
eut lieu au commencement du mois de janvier de l'année 1492,
qui était la 3655ᵉ année du peuplement de l'Espagne par le
patriarche Tubal ; la 3797ᵉ année du déluge ; la 5453ᵉ année

blement peu connue ; les recherches faites pour vérifier les faits que nous
venons de raconter ont conduit à constater son identité ; elle est situé au
bas de la grande tour, à peu de distance du corps principal de l'Alhambra.
La tour a été détruite par une explosion accidentelle, lorsque les Français
évacuèrent cette forteresse ; des vignes et des figuiers cachent en partie
les débris qui jonchent le sol tout à l'entour. Un homme pauvre, nommé
Matteo Ximénès, dont les ancêtres habitent, depuis plusieurs générations,
dans les ruines de l'Alhambra, nous montra une porte murée de grosses
pierres. C'était une tradition qui se racontait dans sa famille, que cette
ouverture était celle par laquelle Boabdil était sorti de Grenade pour n'y
plus jamais revenir et que le roi Ferdinand avait accédé au vœu du malheureux prince, que personne désormais ne touchât plus ce seuil. A cette
porte, murée en effet, aboutit le sentier qui de l'Alhambra conduit à l'er-
mitage Saint-Sébastien.

de la création du monde, d'après les Hébreux. Ces dates correspondaient au mois Rabic de la 897ᵉ année de l'Hégire, ou fuite de Mahomet, — que Dieu confonde! » — s'écrie le pieux Agapida.

APPENDICE

SORT DE BOABDIL EL CHICO

L'histoire de la conquête de Grenade est finie, mais le lecteur désire probablement savoir ce que devinrent les principaux personnages de notre récit. Le malheureux Boabdil se retira dans la vallée de Porchena, où il avait pour domaine plusieurs villes avec leurs priviléges et leurs revenus. Jusef Aben Comixa, son vizir, et Josef Vanegas, son vaillant ami et parent, qui tous deux restaient avec lui, avaient reçu en partage du roi Ferdinand, de très belles terres. S'il était dans le cœur de l'homme de se contenter du présent et d'oublier le passé, Boabdil aurait pu être heureux. Demeurant dans une vallée magnifique, entouré de vassaux soumis, d'amis dévoués et d'une famille qui lui était tendrement attachée, il aurait pu considérer son passé comme un cauchemar horrible, et être content de se réveiller calme et tranquille. Mais ce prince détrôné ne pouvait oublier qu'il avait régné, et les souvenirs de la splendeur royale de Grenade lui faisaient considérer sa position présente comme humiliante et indigne de lui. Ferdinand et Isabelle firent tout ce qu'ils purent pour le faire changer de religion, mais il resta fidèle à la foi de ses pères et se sentait d'autant plus abaissé, qu'il était le vassal de souverains chrétiens.

Il est très probable que sa résidence dans le royaume était également désagréable à Ferdinand, qui ne se sentait pas parfaitement tranquille tant qu'il aurait si près de lui quelqu'un qui pouvait, à un moment donné, faire valoir ses droits au trône de Grenade. Il trouva moyen de s'arranger avec Jusef Aben Comixa, qui lui vendit les possessions de son maître, quatre vingt mille ducats d'or; cette vente fut faite, dit-on, à l'insu de Boabdil; probablement le vizir avait cru faire pour le mieux. Ferdinand ne paraît pas s'être occupé de savoir si le vizir avait le droit de lui faire cette vente; il en paya le prix avec la plus grande joie. Jusef revint aux Alpuxarras avec l'argent, qu'il étala devant son maître.

— Seigneur, lui dit-il, j'ai fait la remarque que tant que vous resterez ici, votre vie sera en danger. Les Maures sont téméraires et irritables. Ils peuvent s'insurger, se servir de votre drapeau comme prétexte et ainsi amener votre ruine et celle de vos amis. Vous dépérissez de chagrin; ce pays vous fait continuellement souvenir que vous y avez régné. J'ai mis fin à tous ces ennuis. J'ai vendu vos possessions, en voici le prix. Avec cet or vous pouvez acheter des terres en Afrique et y vivre honoré et en toute sécurité.

Ces paroles mirent Boabdil tellement en fureur, qu'il aurait tué l'officieux Jusef avec son cimeterre si les personnes présentes ne l'avaient entraîné hors de sa présence. Mais Boabdil n'était pas vindicatif; sa colère s'apaisa bien vite. Il connaissait trop bien le caractère de Ferdinand pour espérer qu'il reviendrait sur son marché. Il rassembla donc tous ses trésors, et partit avec sa famille pour un port, où il trouva un bâtiment qui l'attendait et le conduisit en Afrique.

Un grand nombre de ses anciens sujets avaient assisté à son embarquement. Lorsque les voiles furent déployées et que le vaisseau s'éloigna de terre, les Maures eurent un instant la pensée de le saluer à son départ, mais l'état d'humiliation dans lequel ils voyaient leur ancien souverain leur rappela le surnom qu'on lui avait donné à sa naissance, et ils ne purent que prononcer ces mots :

— Adieu, Boabdil! Allah te conserve, El Zogoybi!

Cette triste et fatale appellation vibra profondément dans le cœur du monarque exilé, et ses yeux se remplirent de larmes, en voyant le sommet neigeux des montagnes de Grenade disparaître peu à peu à sa vue.

Il fut très bien accueilli par son parent Muley-Ahmed, roi de Fez, à la cour duquel il résida plusieurs années. L'histoire ne nous apprend pas s'il fut enfin heureux; la dernière fois qu'on entend parler de lui, c'est en 1526, trente-quatre ans après la prise de Grenade. Il accompagnait le roi de Fez qui s'était mis en campagne pour réprimer la sédition de deux de ses frères. Les deux armées se rencontrèrent sur les bords de la Guadiswed, près du gué de Bacuba. La rivière était profonde, les bords en étaient profondément découpés. Pendant trois jours, les deux armées tirèrent l'une sur l'autre par dessus le fleuve, n'osant pas le franchir, à cause de sa profondeur.

Enfin, le roi de Fez divisa son armée en trois bataillons; le premier fut confié à son fils et à Boabdil el Chico. Ils s'élancèrent à travers la rivière et gagnèrent l'autre côté, essayant de tenir l'ennemi en haleine jusqu'à l'arrivée des autres troupes; mais les rebelles les attaquèrent si vigoureusement, que le fils du roi de Fez et plusieurs alcaydes furent tués; le reste du bataillon fut culbuté dans le fleuve, en ce moment encombré par les soldats qui venaient les rejoindre. Une terrible mêlée s'ensuivit. L'infanterie était écrasée sous les pieds de la cavalerie. L'ennemi les attaqua avec vigueur et en fit un horrible carnage. Tous ceux qui échappèrent au fer périrent dans la rivière, dont le cours fut interrompu par les cadavres des hommes et des chevaux et par les bagages. Boabdil si bien nommé El Zogoybi, ou « le malheureux, » trouva la mort dans cette rencontre. C'est là, dit le vieil historien, un exemple du caprice de la fortune qui fit que ce malheureux mourut pour la défense du royaume d'un autre, lui qui n'avait pu trouver la mort en défendant le sien (1).

(1) Marmol. *Description de Africa*, pars I, lib. II, chap. XL. Idem, *Histor. de la rebell. de los Moros*, lib. I, chap. XXI.

On voit dans la galerie du Generalife, un portrait de Boabdil el Chico. Sa figure est douce et belle, ses cheveux abondants sont d'un blond jaune, le corps a des formes athlétiques.

Il est vêtu de brocard d'or avec des ornements de velours noir; sa cape de velours noir est chargée d'une couronne. Dans l'arsenal de Madrid, il se trouve deux cottes de mailles que l'on dit lui avoir appartenu; l'une est d'acier solide très peu ornée; le morion en est fermé.

MORT DU MARQUIS DE CADIX

Le célèbre Roderigo Ponce de Leon, marquis, duc de Cadix, était celui de tous les chevaliers espagnols qui s'était le plus distingué pendant la guerre de Grenade. Il débuta par la prise d'Alhama : il prit part à tous les siéges les plus importants, et était présent à la reddition de la capitale qui mit fin à toutes ces conquêtes. Il mourut à quarante-huit ans, dans tout l'éclat de sa gloire, avant qu'une feuille de ses lauriers eût eu le temps de se faner. L'honnête historien Andres Bernaldes, le curé de los Palacios, qui était son contemporain, nous fait de lui le portrait suivant :

« Il était, dit-il, cité partout comme le modèle le plus parfait de la chevalerie de cette époque. Il était sobre, chaste et pieux, chef généreux, vaillant protecteur de ses vassaux, aimant la justice, et ennemi acharné des menteurs, des poltrons et des traîtres. Son ambition était élevée, il cherchait à se distinguer par de grandes actions, et à accroître son patrimoine par l'acquisition de châteaux, de domaines, de vassaux et autres possessions princières. Ses récréations étaient d'une nature guerrière ; il aimait beaucoup la géométrie et passait beaucoup de temps à faire et à réparer des forteresses. Il aimait la musique militaire, le son des clairons, des saquebutes, des tambours et des trompettes.

« Comme tout vrai chevalier, il était le défenseur des dames, et une femme opprimée était toujours sûre de trouver en lui un protecteur. Sa bravoure et sa courtoisie étaient si bien connues, que les dames de la cour ne craignaient pas

les Maures, partout où sa bannière flottait. Le marquis était
en plus un ami fidèle et dévoué, mais il était aussi un ennemi terrible, car il pardonnait difficilement et sa vengeance était formidable. »

La mort de ce bon chevalier porta le deuil et la désolation dans tous les rangs, car il était généralement aimé et
estimé. Ses parents, ses vassaux, et ses compagnons d'armes
prirent le deuil à son décès, et ils étaient si nombreux que
la moitié de Séville était vêtue de noir ; mais ce fut son ancien ami don Alonzo d'Aguilar, qui sentit le plus vivement
sa perte.

Il fut enterré avec la plus grande pompe, Le corps était
revêtu d'une chemise fine, d'un pourpoint de brocard, d'une
longue robe de velours noir, et de bas rouges ; une tunique
maure de brocard descendait jusqu'à ses pieds. Son épée
était attachée à ses côtés comme il la portait sur le champ de
bataille. Ainsi vêtu, il fut mis dans un cercueil recouvert
de velours noir et orné d'une croix de damas blanc ; on
plaça ce cercueil sur une bierre splendide, au milieu de la
grande salle du palais.

La duchesse pleura sur le corps du marquis, et ses dames,
les personnes de sa suite, ses pages, ses écuyers et les vassaux de son mari se joignirent à elle pour exprimer le
chagrin que leur causait la mort de celui qu'ils adoraient
tous.

Un peu avant la nuit, avant l'*Ave Maria*, la procession
funèbre sortit du palais. Dix bannières, les trophées du
marquis, prises aux Maures dans des engagements particuliers
avant que le roi Ferdinand eût commencé le siége de Grenade, étaient portées autour du cercueil. Une foule nombreuse, composée d'évêques, de prêtres, de moines, des

autorités civiles et militaires, et tous les chevaliers de Séville, le comte de Cifuentes en tête, suivaient en chantant des litanies et des répons.

Deux cents quarante flambeaux éclairaient superbement le convoi. Les balcons étaient remplis de dames tout en larmes, tandis que les femmes du peuple se lamentaient tout haut comme si elles déploraient la perte d'un frère ou d'un père. Arrivé au couvent de Saint-Augustin, les moines vinrent à la rencontre du cortége avec la croix, des bougies et huit encensoirs; ils portèrent le corps dans l'église, où il fut exposé jusqu'à ce que tous les moines des différents ordres eussent accompli les vigiles; il fut ensuite déposé dans les caveaux de la famille des Ponce, et les dix bannières furent suspendues au dessus du tombeau (1).

Sa tombe avec les bannières déchirées furent, pendant des siècles, un objet de vénération pour tous ceux qui avaient entendu parler de ses vertus et de ses nombreux exploits. En 1810, la chapelle fut pillée par les Français; les autels détruits, et le caveau de la famille des Ponce mis en pièces. La duchesse de Benavente, digne hérétière d'une famille si illustre et si brave, a depuis réuni les cendres de ses ancêtres, restauré l'autel et fait réparer la chapelle. Mais les tombeaux ont été entièrement dévastés, et une inscription en lettres dans la muraille de la chapelle, est tout ce qui reste pour montrer où reposaient autrefois les cendres du brave Roderigo Ponce de Léon.

____

(1) Cura de los Palacios, cap. CIV.

LÉGENDE DE LA MORT DE DON ALONZO DE AGUILAR

Ceux qui se sont intéressés à la fortune de don Alonzo d'Aguilar, l'ami et le compagnon du marquis de Cadix, et l'un des héros les plus distingués de la guerre de Grenade, liront peut-être avec plaisir ces quelques notes que nous avons trouvées dans les manuscrits de fray Antonio Agapida, et qui paraissent avoir été ajoutées par lui à sa chronique.

Plusieurs années encore après la conquête de Grenade, le pays ne fut ni calme ni tranquille. Les efforts incessants du clergé catholique pour convertir les infidèles, exaspéraient les Maures des montagnes; dans la ville de Dayrin plusieurs des missionnaires les plus zélés furent maltraités, et on essaya même par des menaces de les forcer à se faire musulmans. Sur leur réfus énergique, ils furent assommés et lapidés par les femmes et les enfants maures, et leurs corps furent brûlés (1).

Quand on apprit cet événément, huit cents chevaliers chrétiens s'assemblèrent dans l'Andalousie et, sans attendre les ordres du roi, mirent tout à feu et à sang, pour venger ces martyrs.

Les Maures se sauvèrent dans les montagnes, où leur cause fut épousée par les nations de ces contrées; la révolte se répandit d'abord dans la Serrania de Ronda, toujours prête à s'insurger, et gagna bientôt toutes les Alpuxarras;

____

(1) Cura de los Palacios, cap. CLXV.

mais leur place forte était la Sierra Vermeja ou montagnes rouges, qui s'étend près de la mer et dont on aperçoit les cimes de Gibraltar.

Quand le roi Ferdinand sut ce qui se passait, il publia une proclamation ordonnant aux révoltés de se rendre dans la Castille avant dix jours; et il donna en même temps des ordres secrets, pour que les Maures qui embrasseraient le christianisme fussent laissés en paix. Il confia le commandement des troupes qui devaient marcher contre les rebelles à don Alonzo d'Aguilar et aux comtes d'Urena et de Cifuentes.

Don Alonzo d'Aguilar était à Cordoue, quand il reçut les ordres du roi. « Quelles forces avons-nous pour cette expédition, » demanda-t-il? Sur la réponse qui lui fut faite, il jugea qu'elles n'étaient pas suffisantes. « Quand un homme est mort, dit-il, on envoie quatre hommes pour porter le corps; et pour châtier ces Maures qui sont vigoureux et bien vivants, on ne nous donne qu'homme pour homme. » Ces paroles du brave chevalier furent répétées plus tard par d'autres guerriers, mais cela ne l'empêcha pas de marcher contre l'ennemi.

Don Alonzo avait à cet époque cinquante et un an; c'était un soldat qui avait encore tout le feu de la jeunesse, joint à l'expérience de l'âge mûr. Il avait passé sa vie dans les camps et sur les champs de bataille, jusqu'à ce que le danger fût devenu son élément naturel. Son armure et ses armes étaient devenues une partie de lui-même, et il ressemblait à une statue d'acier quand il était sur son cheval.

Il emmena avec lui son fils, don Pedro de Cordova, un jeune homme brave et généreux, et dans toute l'effervescence de la jeunesse. Quand le peuple de Cordoue vit le vainqueur de mille batailles conduisant son jeune fils à la guerre, il se souvint de l'appellation de famille. « Voyez, » dit-il, « l'aigle qui enseigne à l'aiglon à voler ! Vive la vaillante race des Aguilar (1). »

La bravoure de don Alonzo et de ses compagnons était si bien connue des Maures, que beaucoup d'entre eux se soumirent et arrivèrent à Ronda pour embrasser le christianisme ; mais les Gandules, une tribu venue de l'Afrique, étaient trop fiers pour se soumettre. Ils avaient pour chef un Maure brave et énergique, nommé El Feri de Ben Estepar. D'après ses conseils, ils quittèrent leur vallée et emportant avec eux tout ce qu'ils avaient de plus précieux, ils se réfugièrent sur les hauteurs de la Sierra Vermeja, où une plaine fertile, entourée de rochers et de précipices en faisait une forteresse naturelle. Après avoir mis en sûreté leurs femmes, leurs enfants et leurs effets, ils entassèrent des pierres sur les rochers qui commandaient les défilés, et se préparèrent à défendre tous les chemins qui conduisaient à leur montagne.

Les chrétiens établirent leur camp devant Monardo, une ville singulièrement fortifiée, au pied de la plus haute partie de la Sierra Vermeja, dont ils n'étaient séparés que par un ravin profond, au fond duquel coulait un petit cours d'eau ; les Maures s'apprêtaient à défendre ce chemin qui menait à leur lieu de refuge.

Une après-midi, quelques soldats saisirent, par bravade, un drapeau et s'élançant à travers le cours d'eau, tombèrent sur les Maures ; plusieurs de leurs compagnons les suivirent, les uns pour leur venir en aide, les autres avec l'espoir de

---

(1) Aguilar en espagnol signifie aigle.

rapporter du butin. Une terrible mêlée s'ensuivit, mais les Maures beaucoup plus nombreux avaient l'avantage de la position. Quand les comtes d'Urena et de Cifuentes demandèrent à don Alonzo ce qu'il pensait de cette rencontre.

—Mon opinion reste toujours la même, dit-il ; je considère cette entreprise, comme désespérée ; mais si les Maures qui sont tout près de nous s'aperçoivent de notre faiblesse, leur courage s'en accroîtra, ainsi que notre péril. En avant donc, et espérons que Dieu nous donnera la victoire.

Cela dit, il conduisit ses troupes au combat (1).

Sur le versant des montagnes il y avait plusieurs plateaux qui ressemblaient à des terrasses. Les chrétiens avancèrent résolûment de ce côté et eurent l'avantage, mais les Maures se réfugièrent derrière leurs barricades, d'où ils lançaient des pierres et des flèches aux assaillants ; ils défendirent avec intrépidité leurs défilés, mais ils furent chassés de rocher en rocher jusqu'à ce qu'ils atteignissent le plateau de la montagne, où étaient leurs femmes et leurs enfants. Arrivés à cet endroit, les Maures pensaient s'arrêter, mais don Alonzo de Aguilar et son fils tombèrent sur eux à la tête de trois cents soldats et en firent un carnage affreux. Tandis qu'ils poursuivaient les fuyards, le reste de l'armée, croyant la victoire assurée, se dispersa dans la petite plaine, en quête de butin, arrachant aux femmes leurs colliers, leurs bracelets et leurs bijoux ; les trésors amassés dans cet endroit étaient si grands, que les chrétiens furent obligés de se dépouiller de leurs armes pour emporter toutes ces richesses.

La soirée s'avançait et les chrétiens, ne pensant qu'au

(1) Bleda, lib. v, cap. xxvi.

pillage, avaient cessé de poursuivre l'ennemi; celui-ci arrêté dans sa fuite par les cris des femmes et des enfants semblait indécis, quand le chef, le vaillant El Féri, s'écria :

— Amis, soldats, pourquoi fuir? où trouver un refuge où l'ennemi ne vous poursuive; retournez pour défendre vos femmes et vos enfants, et n'espérez de salut que de vous-mêmes !

Les Maures, électrisés par ses paroles, revinrent à la charge. El Féri voyant les chrétiens sans armes et dispersés dans la plaine, cria à ses troupes :

— Attaquez-les maintenant, tandis qu'ils sont chargés de butin, je vais vous ouvrir un chemin !

Il s'élança donc suivi des Maures qui poussaient des cris, répétés par les échos de la montagne. Les chrétiens, saisis d'une terreur panique, jetèrent leur butin et s'enfuirent dans toutes les directions. Don Alonzo fit avancer sa bannière et essaya de les rallier; voyant que son cheval ne lui servait de rien dans ces rocs, il mit pied à terre, et fit faire de même à tous ses soldats. Avec quelques amis dévoués, il tint tête aux Maures, tout en essayant de rappeler ses troupes.

La nuit était arrivée, ce qui empêchait les infidèles de s'apercevoir du petit nombre d'hommes contre lesquels ils combattaient; d'ailleurs les chrétiens se battaient avec tant d'acharnement que, aidés de l'obscurité, ils semblaient être dix fois plus nombreux. Malheureusement, un petit baril de poudre éclata et répandit une lumière momentanée sur le champ de bataille; les Maures virent alors qu'ils ne luttaient que contre une poignée d'hommes; ils jetèrent des cris de triomphe et redoublant d'ardeur, se mirent à poursuivre les fugitifs, en leur lançant des pierres et des flèches. Beaucoup de chrétiens dans leur terreur et dans l'ignorance où ils étaient de la montagne, s'élancèrent tête baissée dans les précipices et y furent broyés.

Don Alonzo n'avait pas encore lâché pied; mais tandis qu'une partie des Maures l'attaquaient de front, d'autres lui lançaient toutes sortes de projectiles. Plusieurs chevaliers voyant que le combat était désespéré, proposèrent de redescendre la montagne.

— Non, dit fièrement don Alonzo, jamais la bannière de la maison d'Aguilar n'a reculé devant l'ennemi.

A peine avait-il dit ces mots, que son fils, don Pedro, tomba à ses pieds ; une pierre lancée d'en haut lui avait cassé deux dents, et une lance lui avait traversé le genou. Le jeune homme essaya de se relever et de combattre à genoux, à côté de son père. Don Alonzo, le voyant blessé, voulut lui faire quitter le combat.

— Fuyez mon fils, lui dit-il, soyez bon chrétien, et vivez pour consoler votre mère.

Don Pedro refusa de le quitter ; son père voyant cela, ordonna de l'enlever ; son ami don Francisco Alvarez de Cordova l'emporta dans ses bras jusqu'au quartier du comte d'Areña qui s'était arrêté sur les hauteurs, à quelque distance de là, pour rallier et secourir les fugitifs : au même moment on apportait son fils, don Pedro Giron, qui était grièvement blessé.

Pendant ce temps, don Alonzo avec deux cents hommes, continuait un combat inégal ; il voyait tomber autour de lui ses soldats, jusqu'à ce qu'enfin il resta seul blessé sans cheval et presque sans armes ; et pourtant, retranché entre deux rochers, il bravait encore les ennemis.

Il fut assailli dans sa retraite par un Maure d'une très grande force. Le succès parut pendant quelque temps douteux; mais don Alonzo, blessé à la tête et à la poitrine, chancela; les deux hommes luttèrent alors corps à corps. Enfin le chevalier chrétien, épuisé par ses blessures, tomba sur le dos, sans toutefois lâcher son ennemi.

— Ne t'imagine pas, dit-il, que tu remporteras une victoire aisée, car je suis don Alonzo d'Aguilar.

— Et moi, répondit le Maure, sache que je suis El Feri de Ben Estepar !

Ils continuèrent ce combat mortel avec leurs dagues; mais sept blessures avaient épuisé les forces de don Alonzo. Il combattait encore lorsque son âme héroïque s'envola, et il expira.

Ainsi mourut Alonzo d'Aguilar, le modèle de la chevalerie andalouse, un des plus puissants grands d'Espagne, par sa personne, par son rang, par ses richesses et par les offices qu'il avait remplis. Pendant quarante ans, il fit aux Maures une guerre incessante : enfant, avec l'aide de ses vassaux, homme, par la puissance de ses armes, la sagesse et la valeur de son esprit. Son fanon avait toujours flotté au plus fort de la mêlée; il avait été général des armées du roi, vice-roi de l'Andalousie et l'auteur de glorieuses entreprises, dans lesquelles les rois avaient été vaincus, et les puissants alcaydes et les guerriers humiliés. Il avait tué de sa main plusieurs chefs musulmans, entre autres, le célèbre Ali-Atar de Loxa, combattant pied contre pied sur les bords du Xenil. Son jugement, sa discrétion, sa magnanimité et sa justice égalaient sa bravoure. Il était le cinquième de sa maison, qui était mort en combattant les Maures. « Son âme » observe le padre Abarca « monta au ciel recevoir la récompense due à un capitaine chrétien, car ce jour-là il s'était confessé et avait communié (1). »

Les Maures, fiers de leur victoire, poursuivirent les fugitifs dans les défilés de la montagne. Ce fut avec la plus grande difficulté que le comte d'Urena put en sauver quelques-uns : heureusement qu'au bas de la montagne ils rencontrèrent l'arrière-garde de l'armée conduite par le comte de Cifuentes, qui avait passé le cours d'eau afin de venir à leurs secours. Comme les fugitifs saisis de terreur se sauvaient dans le plus grand désordre, le comte eut bien de la peine à empêcher ses soldats de faire la même chose; il parvint pourtant à maintenir la discipline, à rallier les fuyards et à tenir les Maures en échec. Puis il s'établit sur une éminence, où il se maintint jusqu'au matin, tantôt attaquant, tantôt repoussant l'ennemi; le lendemain les Maures cessèrent le combat et se retirèrent sur les montagnes.

Les chrétiens purent alors compter les pertes qu'ils avaient faites. Parmi les plus vaillants chevaliers qui étaient tombés se trouvait don Francisco Ramirez de Madrid, qui avait été capitaine général de l'artillerie, pendant toute la guerre de Grenade, et avait grandement contribué par sa valeur à cette conquête célèbre. Mais tout fut oublié devant l'inquiétude qu'on éprouvait du sort de don Alonzo d'Aguilar; son fils don Pedro de Cordova avait été emporté avec la plus grande difficulté du champ de bataille, et devint plus tard marquis de Priego. Mais de don Alonzo on ne savait rien, si ce n'est qu'il avait été laissé avec une poignée de chevaliers combattant vaillamment contre des forces supérieures en nombre. Quand le soleil se leva, on regardait

(1) Abarca, *Anales de Aragon*, chap. II.

avec inquiétude, espérant voir flotter sa bannière de quelque
côté, mais ils ne virent rien ; l'écho seul répondit au son
de la trompette, et un silence de mort régnait par toute la
montagne. Par intervalles on voyait descendre un guerrier
blessé ; mais quand on le questionnait, il secouait tristement la tête, ne pouvant donner de nouvelles de son commandant.

Quand le roi Ferdinand fut informé de cette défaite, et de
la périlleuse situation des survivants, il partit de Grenade
où il était, à la tête de toute la chevalerie, pour les montagnes de Ronda. Sa présence avec une si puissante armée
fit bientôt cesser la rébellion ; une partie des Maures
payèrent une rançon et s'embarquèrent pour l'Afrique ;
d'autres embrassèrent le christianisme, mais ceux des villes
où les missionnaires avaient été massacrés, furent vendus
comme esclaves. Ce fut par des Maures faits prisonniers
qu'on sut l'héroïque, mais triste fin de don Alonzo ; le matin
après la bataille, quand les Maures enterrèrent leurs soldats,
ils trouvèrent son corps parmi plus de deux cents de ses chevaliers ; quoiqu'il fût bien connu de ses ennemis, son corps
était tellement défiguré, que ce ne fut pas chose facile pour
eux de le reconnaître. Les Maures en prirent soin, et quand
ils se soumirent, ils le rendirent au roi Ferdinand, qui le fit
porter en grande pompe à Cordoue. Quand le cortége funèbre entra dans la ville, et que les habitants virent le cercueil
qui contenait les restes de leur héros favori, et le cheval sur
lequel ils l'avaient vu partir, tout caparaçonné de noir,
ils firent éclater leur douleur. Le corps fut enterré en
grande pompe dans l'église de Saint-Hyppolyte. Quelques
années après, sa petite fille Dona Catalina d'Aguilar et de
Cordova, marquise de Priego fit faire des changements à

son tombeau ; en examinant le corps, on trouva parmi les os la lame d'une lance, qui était restée sans doute dans les blessures. Le nom de ce chevalier accompli est toujours demeuré un thème populaire pour l'historien et le poète, et sa mémoire a fourni beaucoup de ballades historiques et de chansons à son pays. Pendant bien longtemps les habitants de Cordoue en voulurent au comte de Urena, croyant qu'il avait abandonné don Alonzo ; mais le monarque castillan, le déchargea de ces accusations mensongères et continua à l'honorer très fort.

Il fut prouvé que ni lui ni ses soldats n'avaient pu secourir d'Aguilar ou même connaître le danger qu'il courait, à cause de l'obscurité. Il y a une petite ballade ou romance espagnole qui exprime la douleur du peuple à cette occasion, et les habitants de Cordoue saluèrent le comte Urena à son retour de ces vers plaintifs et pleins de reproches :

> Decid Conde de Urena !
> Don Alonzo donde queda (1)?
>
> Comte Urena, comte Urena !
> Dites-nous où est don Alonzo ?

(1) Bleda, lib. v, c. xxvi.

FIN.

TABLE DES MATIÈRES

LXXXIII

LXXXIV

LXXXV

LXXXVI

LXXXVII

LXXXVIII

LXXXIX

XC

XCI

XCII

9 782013 480390